Gertrudis Gómez de Avellaneda

EGILONA
Drama trágico en tres actos

Introducción crítica, edición y notas de
Alexander Selimov

Ibero-American Literary Society
2021

EDITORIAL BOARD

José Camacho Delgado, Universidad de Sevilla
Frederick de Armas, University of Chicago
Ángel Esteban, Universidad de Granada
Ana Gallego Cuiñas, Universidad de Granada
Amauri Gutiérrez Coto, Lafayette College
Rocío Quispe-Agnoli, Michigan State University
Doris Sommer, Harvard University
Saúl Sosnowski, University of Maryland
José Antonio Mazzotti, Tufts University
Daniel Torres, Ohio State University
Nicasio Urbina, University of Cincinnati
Noël Valis, Yale University

Copyright ©Ibero-American Literary Society, 2021
Copyright ©Alexander Selimov, 2021

Reservados todos los derechos de esta edición.
All rights reserved.

Printed in the United Stated of America

ISBN 978-1-7326739-7-7

Letras Decimonónicas

Indice de la Introducción

La viuda del rey Rodrigo en el contexto del discurso de la Reconquista   7

1. Introducción.   7
2. Las mujeres, la Reconquista y la identidad nacional.   9
3. La reina Egilona.   14
4. Florinda y la pérdida de España.   18
5. La viuda del rey Rodrigo en *El último godo*.   24
6. *Egilona* de Cándido M. Trigueros: una tragedia sin héroe.   28
7. Una reina traicionada: *La Egilona, viuda del rey don Rodrigo*.   36
8. *Abdalasis y Egilona* de José de Vargas y Ponce   42
9. *Egilona* de Gertrudis Gómez de Avellaneda   46

Obras citadas   65

La viuda del rey Rodrigo en el contexto del discurso de la Reconquista

1. Introducción.

El nombre de la reina visigoda Egilo, viuda de Rodrigo, más conocida en la historia y literatura de España como Egilona, aparece en una de las primeras crónicas medievales que narran la historia de la conquista árabe de la península ibérica.[1] Aunque la mención correspondiente es breve, no deja de ser por ello significativa. Marca el comienzo de una construcción social, según la cual, se le responsabiliza a Egilona por la muerte de su segundo esposo, el emir de Al-Andalus llamado Abdalasis. Según dicha construcción, Egilona ejerció una gran influencia en el emir, y le incitó a independizarse del califato de Damasco. A esta acusasión se le añadió más adelante otra, la de convertirlo al cristianismo, por lo cual Abdalasis fue asesinado por ser supuestamente traidor y apóstata.

Esta versión de los hechos, sin embargo, no ha sobrevivido el escrutinio académico. No hay dudas de que la supuesta culpa de la reina visigoda es producto de una narrativa misógena llena de fabulaciones y manipulaciones ideológicas. Abdalasis y su hermano, Abdallah, fueron ambos asesinados y su padre Musa Ibn Nusayir, destituido, por

---

[1] *Crónica mozárabe de 754*

orden del nuevo califa, Suleiman, quien al ascender al trono en Damasco, comenzó a consolidar su poder y para ello eliminó a los governadores y generales que apoyaban a su predecesor Al-Walid.

Por otra parte, la mención de la influencia que Egilona mantuvo luego de sus segundas nupcias, facilitó otra construcción social, según la cual la reina tuvo una funcionalidad heroica y una actitud de rebeldía ante los conquistadores.

La imagen ficcional de una reina que no fue doblegada por los infortunios de su patria, sino que al contrario, resistió a los enemigos de su patria, se exaltó en la cultura española y se popularizó en una serie de obras dramáticas de los períodos neoclásico y romántico.

2. Las mujeres, la Reconquista y la identidad nacional.

La derrota del rey Rodrigo puso el fin a la existencia de una España de cultura germana en la península ibérica. Si no fuera por la victoria de las tropas capitaneadas por Musa Ibn Nusayir y el establecimiento del estado musulmán Al-Andalus, probablemente España no hubiera existido tal y como la conocemos hoy en día. El conflicto bélico entre los reinos cristianos del norte de la península ibérica con Al-Andalus comenzó con la fundación del reino de Asturias en el año 718 y duró hasta la conquista del Emirato Nazarí de Granada por la reina Isabel I de Castilla y el rey Fernando II de Aragón, en 1492. Una España nueva, de tradición románica se forjó en estos ocho siglos de lucha.

El discurso historiográfico sobre la Reconquista se ha orientado hacia la construcción social de una nación católica de lengua y cultura romance en toda la península ibérica. Su objetivo fundamental ha sido "apoyar la construcción de una identidad colectiva en términos nacionales" (Ríos Soloma 37). En este proceso, los protagonistas históricos o percibidos como tales, adquirieron una funcionalidad modélica y simbólica.

En las obras literarias sobre la Restauración y la Reconquista publicadas antes del siglo XVIII se enfocaba principalmente el protagonismo de los personajes masculinos. Por lo general, las mujeres tenían papeles secundarios en la trama de las obras literarias y se movían dentro de un espacio doméstico controlado por los hombres, siendo objetos de su deseo o víctimas de sus transgresiones. A partir de la segunda mitad del setecientos se produce un cambio notable en el ambiente teatral español, ya que comienzan a ponerse en escena obras con mujeres protagonistas, dotadas de funciones heroicas y patrióticas. Me refiero, en particular, al personaje de la reina goda Egilona, viuda del rey Rodrigo, y al de Hormesinda, la hermana de don Pelayo. No se trata de un cambio fortuito: en el siglo XVIII, la formación de la idea de una España y de una identidad nacional modernas entran en la fase final de su formación y a las mujeres cristianas nobles de la época del comienzo de la Reconquista se les concede un papel clave en el proceso. Se les atribuye la función etnogenética de negar simbólicamente la posibilidad del mestizaje entre la población cristiana y los que no lo eran. El rechazo del Otro, es decir, "el rechazo "católico-español" de moros y de judíos" (Aranzadi 468) forma parte de la tradición hegemónica de carácter nacionalista que ha mantenido vigencia cultural en España durante varios siglos. A finales del siglo dieciocho, la visión de la otredad de aquellos habitantes de la península ibérica que no eran cristianos se incorpora en la narrativa sobre la identidad europea de España basada no sólo en la geografía, sino en la religión y origen étnico-racial comunes.

Hay un consenso académico sobre el mestizaje en España como un hecho dado, producto de matrimonios mixtos entre moros y cristianas (Fernández Amador 1903). El teatro ilustrado, por su parte, niega esta realidad histórica como vamos a ver más adelante. Promueve la idea de la resistencia femenina a los nuevos dueños de la Iberia con el objetivo de defender la supuesta pureza étnico-racial de los españoles y la idea de la formación de su identidad nacional sin la influencia del componente norteafricano. La construcción social de dicha resistencia se inscribe en el discurso hegemónico que presenta España como Estado y Nación que tienen su origen en el reino de los visigodos.

Algunos intelectuales han criticado el goticismo y la idea de la existencia de España anterior a la conquista musulmana. Marcelino Menéndez y Pelayo rechaza la españolidad de los visigodos subrayando la diferencia entre éstos y los hispanorromanos (238). Américo Castro critica la identificación atemporal entre España y la península ibérica afirmando que la definición de la españolidad se debe basar en una estructura social y cultural específica (40, 179-80).

Para formar una identidad se requiere una narrativa que justifique los hechos históricos con el fin de crear el sentido de comunidad entre todos los integrantes de la nación imaginada (Anderson 2006: 6). España "nace durante la reconquista como, en todos los sentidos, 'algo nuevo" (Argaya Roca 2006: 62), es decir, se establece como una entidad autónoma, con su propia identidad cultural, lingüística y social, muy distinta a la del reino de Witiza y Rodrigo. Sin embargo, debido a la influencia del discurso de la Reconquista en la construcción del imaginario colectivo, la idea de la existencia de España desde la prehistoria se arraiga en la sociedad española (Pérez Garzón 2000: 17). Las diferencias socioculturales y etnolingüísticas entre distintas comunidades que habitaban en el norte del país no tenían importancia en el momento histórico en que comienza la construcción de la nueva identidad española. El vínculo esencial entre estas comunidades y el factor determinante en el proceso que los une es la fe cristiana. Y es que además de la lucha por la tierra, como se ha mencionado, el concepto de la Reconquista se refiere también a la defensa y la restauración de la identidad católica que fue puesta en peligro por el triunfo militar de los musulmanes a principios del siglo VIII. Como resultado, el catolicismo se convierte en uno de los componentes fundamentales de la identidad nacional española (García 18) y posteriormente, se instrumentaliza para justificar las conquistas ultramarinas y el papel hegemónico de España en el mundo.

Si nos alegamos de los discursos mediatizados por la intencionalidad nacionalista, resulta evidente que el derrumbe del poder visigótico peninsular significó la pérdida de oportunidad para los nómadas germanos de jugar un papel dominante en la etnogénesis de la nación española. La victoria de Muza ibn Nusayr y el consecuente establecimiento de Al-Andalus alteraron los procesos identitarios en la península ibérica. Se introdujo un componente etnogenético nuevo, y al mismo tiempo se despejó el camino para la futura hegemonía del sustrato hispano-romano en la formación de los nuevos reinos medievales cristianos. Entre estos se destacó Castilla, el reino que surgió como resultado de la creciente importancia de la zona fronteriza en el conflicto bélico entre los cristianos y los musulmanes. Como bien se sabe, Castilla expandió paulatinamente su dominio en la mayor parte de la península estableciendo la base del estado español moderno.

El discurso de la Reconquista tuvo una importante función ideológica en este proceso de consolidación del poder castellano (Lafuente y Zamolloa, Valera et al. 1887). Con cada texto contribuido a su cuerpo narrativo fue cargándose de significados patrióticos apoyando el desarrollo de la identidad nacional española (Ríos Saloma 2011). La función principal de esta narrativa era adjudicar un criterio de legitimidad a un paulatino desplazamiento territorial y a las conquistas del territorio andalusí por los reinos de Asturias, Leon y luego Castilla. De ahí que resultaba importante afirmar la idea de la continuidad entre la nación goda y la nación española. De este modo, la conquista del territorio de

Al-Andaluz por parte de unas entidades políticas y culturales nuevas y distintas del reino visigodo, se legitimaba como una recuperación del territorio arrebatado por la invasión de las tropas de Musa Ibn Nusayir.

En el ambiente político del siglo XVIII y luego XIX, con una España en la encrucijada entre el casticismo y el europeísmo ilustrado, la re-escritura y la re-interpretación de temas nacionalistas forman parte de un esfuerzo político dirigido a superar la división interna y avanzar hacia la cristalización de la identidad unificada de la España moderna. Para ello se rechaza el concepto de la identidad mixta y se privilegia la identidad cristiana que tuvo en sus orígenes a los godos, los astures, los cántabros, identificados anacrónicamente con el término común: españoles.

3. La reina Egilona.

La publicación del poema *Pelayo* de Alonso de Solís a mediados del siglo XVIII recupera y actualiza el tema de la Reconquista. A penas quince años después, Nicolás Fernandez de Moratin escribe su tragedia *Hormesinda*, en la cual elabora el tema de la mujer cristiana que sobrevive y triunfa física y moralmente sobre su acosador musulmán. Jovellanos y Quintana escriben sobre el mismo asunto, pero con diferencias apreciables. Al mismo tiempo aparece una media docena de obras protagonizadas por Egilona, la viuda del rey Rodrigo. Significativamente, en algunas obras el personaje de su esposo, el malhadado rey godo está ausente por completo, por ejemplo, en la tragedia *Egilona* (1768) de Cándido María Trigueros, y es sólo mencionado en otras obras dieciochescas, me refiero a *Egilona, la viuda del rey Rodrigo* de Antonio Valladares y Sotomayor y *Abdalazis y Egilona* de José Vargas Ponce. Esto ocurre por una simple razón: la figura de Rodrigo pierde relevancia en el contexto ideológico dieciochesco, en que la cultura literaria se pone al servicio de la marcha optimista del progreso hacia la felicidad de una sociedad ilustrada. El énfasis en la culpa y la penitencia no tiene ya el mismo aliciente debido al gran cambio cultural que llegó a España en las alas de la Ilustración. Pero dada la naturaleza cíclica del desarrollo humano, en el siglo XIX el optimismo cede el espacio a la angustia y melancolia, y el Romanticismo trae de vuelta a Rodrigo en *Abdalazis* (1840) de Manuel Cortés, en *Egilona* (1844) de Gertrudis Gómez de Avellaneda, en *Juicios de Dios* (1845) de Ramón Valladares, en *Egilona* (1847) de José Góngora y Palacios (Rodriguez Sánchez 272), y en *El puñal del godo* (1849) de José Zorrilla.

Todas estas piezas son obras bastante distintas, tanto por la calidad de la realización, como por su forma y contenido, mas, a pesar de las diferencias en el tratamiento del tema y en la configuración de los personajes, todas forman parte de un esfuerzo colectivo que construye la imagen de la última reina goda tal y como ésta se preserva en la memoria colectiva.

Ramón Menéndez Pidal se lamenta de que la comedia de Antonio Valladares y un drama anónimo titulado *Egilona, drama heroico en prosa*, que se ponen en escena en 1785 y 1788, respectivamente, no presenten la verdadera historia de Egilona, y acusa al primero de "aquel malsano placer de embrollar los datos tradicionales que sorprendimos en el falsario Miguel de Luna" (24). Critica las innovaciones y las adiciones que le desagradan, en particular las que atribuye a la influencia de Miguel de Luna, porque cree que lo que hacen es contrariar "todo cuanto por tradición estamos habituados a tener por cosa sabida" (Menéndez Pidal 50). Alaba, sin embargo, las innovaciones, por insólitas que sean, siempre y cuando le agraden o le parezcan interesantes, como por ejemplo, cuando comenta que Rosa Gálvez dignifica además por su cuenta a Florinda, haciéndola amada de Pelayo (Menéndez Pidal 32). Es reveladora su preferencia por el texto de Pedro de Corral como fuente de la leyenda de Rodrigo, a pesar de que reconoce que es un texto ficcional, una novela (21). Estamos ante un modelo de valoración que ejemplifica la influencia ideológica del discurso hegemónico en la construcción social de la memoria colectiva, y ante el hecho de que dicha influencia forma parte de un proceso que continúa, a pesar de haberse consolidado en el siglo xix.

Los dramaturgos buscan ideas, detalles y líneas argumentales nuevas en el discurso historiográfico y literario de pocas anteriores, y aluden con frecuencia a una supuesta veracidad o historicidad de sus textos en el marco de la auto acreditación dirigida a establecer un pacto de confianza con el público. Pero no se busca rescatar una realidad histórica. De hecho, están conscientes de que trabajan con fuentes apócrifas y ficcionales (Polt 61). Se trata de moldear y perpetuar una visión a sabiendas ficcional pero justificable, con el propósito utilitario de reforzar el sentimiento patriótico y la imagen positiva de una España unida. Esto explica que el tema de Egilona siga la construcción social elaborada por el discurso de la Reconquista. La configuración de la reina visigoda como personaje dramático no puede ser histórica por otra parte, ya que no hay fuentes historiográficas fidedígnas que puedan alumbrar algún aspecto de la vivencia real de una mujer que fue borrada y reconstruida por el discurso hegemónico. De hecho, en las crónicas medievales y en los textos posteriores, Egilona aparece como una figura cosificada, un objeto de transacción. El cuerpo femenino es tratado como mercancía en un proceso de intercambio que, según explica Luce Irigaray, "constituye" a las mujeres en "objetos", y les atribuye la función de configurar las relaciones entre hombres (128, 134, 137). Al pasar de las manos de un guerrero a las de otro como resultado de una acción bélica, la función de Egilona es simbolizar el cambio en la relación de poder entre estos dos hombres, y en particular, la derrota de los visigodos, sellada en el momento en que los moros victoriosos se apropian del reino y de la esposa de don Rodrigo. Por eso todo lo que sabemos de ella, es decir, lo que la memoria nacional ha conservado, está relacionado con la transición desde su rol de reina cristina al de esposa de un emir musulmán.

La preocupación con el tema del segundo matrimonio de la reina en la época medieval tiene que ver en parte con el derecho a la herencia de la corona de Rodrigo. La posibilidad de que hubiera hijos de su matrimonio podría interpretarse como la consumación del casamiento y legitimaría la conquista musulmana. Esta preocupación se refleja en las piezas teatrales neoclásicas y románticas, aunque más en su dimensión entogenética que legal, y por eso reiteradamente se rechaza tanto la posibilidad de la consumación de la relación como su legitimidad. El cuestionamiento o la negación de este matrimonio no era arbitrario, sino que venía respaldado por el fallo del concilio XII de Toledo del año 683, que condenaba y prohibía las segundas nupcias de reinas viudas (Valverde 391).

En resumen, la figura de Egilona emerge como fruto de la imaginación literaria, mas que una figura rescatada del pasado nacional. Su configuración en el teatro no es tanto histórica como ideológica, porque el discurso historiográfico no hace otra cosa que emprender "una reescritura del pasado a partir de los interrogantes que suscita en el presente" (Delpy 2000).

4. Florinda y la pérdida de España.

En el contexto de la reconstrucción de la memoria mediatizada por el pensamiento hegemónico de la monarquía castellana que se impuso en España en el período anterior a la Ilustración, Egilona ha recibido menos atención que Florinda.[2] Ésta última, también conocida como La Cava, según varias fuentes medievales, tanto árabes (Hernández Juberías 1996) como cristianas (Menéndez Pidal 1973), fue supuestamente la hija de un guerrero medieval quién pasó a la memoria colectiva con el nombre de conde Julian, y con la fama de haber sido un traidor, por facilitar la entrada de los musulmanes a la península ibérica y la destrucción del reino godo. Según la leyenda, la traición del conde cristiano fue provocada por un supuesto crimen del Rey Rodrigo. Al recibir noticias de que su hija Florinda fue violada por el rey, el conde desencadenó la invasión musulmana para poder vengar la afrenta. En una conveniente muestra de justicia poética, según la crónica del arzobispo Rodrigo Jiménez de Rada, escrita cinco siglos después de los hechos, el rey Rodrigo recibe el castigo de la mano del padre de la joven violada (153). Se completa así la venganza personal que devino una tragedia nacional. El origen de la leyenda no está del todo claro, puesto que las primeras crónicas medievales no comunican nada al respecto, pero la idea de un rey abusador de su poder, y la traición del padre por vengar su honor se recibe y se acepta porque encaja perfectamente en la

---

[2] El tratamiento de la imagen de Florinda sigue suscitando interés, y en el siglo XXI ha sido abordado por Elizabeth Drayson (2007: 174), Patricia Grieve (2009: 131), Belen Atienza (2009: 174), Marjorie Ratcliffe (2011: 17) y Veronika Ryjik (2011: 46), entre otros.

mitología cristiana del pecado y del castigo divino, y permite racionalizar el éxito militar de los musulmanes.

El arzobispo Jiménez de Rada apunta en su crónica que no se sabía a ciencia cierta si el rey Rodrigo había forzado a la hija o a la mujer del conde Julián. La narrativa de la Reconquista escoge a Florinda para ser otra Eva. De este modo, su imagen, socialmente contruida, termina por cristalizarse en la memoria colectiva como la de aquella mujer que causó la destrucción de la nación (Grieve 26). Al conde Julian, por su parte, se le aplica el paralelo con Judas de la mano ligera de Lope de Vega. Miguel de Luna había fantaseado la posibilidad del suicidio de Florinda y de su padre a consecuencia de no poder seguir viviendo con la mala conciencia del desastre que han traído a su país. Lope de Vega adapta dicho motivo con un pequeño pero significativo cambio: en vez de acuchillarse el Conde se ahorca, como, supuestamente, ha hecho el propio Judas después de traicionar a Jesús. Marcelino Menéndez y Pelayo destaca el paralelo como un hito importante en la evolución de la leyenda (xvii) que continúa desarrollándose después de terminada la reconquista militar de la península ibérica. Nótese que en la crónica del arzobispo Rodrigo Jiménez de Rada no se hace ninguna mención del suicidio, sino que se indica que el conde Julian fue ejecutado junto con los hijos de Witiza, porque supuestamente el caudillo Musa ibn Nusayir sospechó que ellos lo iban a traicionar al igual que traicionaron a su rey, don Rodrigo.

Si consideramos la leyenda en un contexto historiográfico diacrónico, resulta evidente que se trata de una construcción ideológica originada en la Baja Edad Media, y ya a mediados del siglo XIX hubo quienes expresaban dudas de su veracidad histórica, según se puede confirmar por la *Historia General de España* de Victor Gerbhardt:

> "La conducta de Julián, el hombre que es reputado el principal instigador de la invasión, ha sido explicada de distintos modos: unos pretenden que el gobernador de Ceuta se pasó por dinero a los Sarracenos: otros, y estos son los más, que quiso tomar venganza de un ultraje personal. Estos dicen que Rodrigo había violado a su hija Florinda, aquellos que a su esposa, y autores hay en fin que, fundándose en que crónica alguna contemporánea, ni árabe, ni cristiana, habla de semejante violación, niegan la misma existencia del conde" (1865).

Si volvemos a la *Crónica mozarabe de 754,* hay una sóla mención de un africano de origen noble, educado en la religión católica y llamado Urbano. Este señor supuestamente sirvió de consejero al Musa, el gobernador de Africa, y fue identificado por varios autores, incluyendo a Sánchez-Albornoz, con la figura del conde Julián (Albarran Iruela 57). No hay mención de ninguna ofensa que le fuese asestada por el Rey Rodrigo, ni mención de que tuviera una hija u otra familia. Se sufiere que sus relaciones con Musa debieron serle muy importantes, porque cuando el nuevo califa Suleiman le impuso una multa al gobernador, Urbano supuestamente la pagó. En las crónicas del reino de Asturias, no aparece la leyenda de la venganza del conde, y tal omisión es significativa ya que indica que se desconociera su figura (Cravioto 6). Las referencias al conde Julián no aparecen hasta la *Crónica silense,* que se escribe a finales del siglo doce, es decir, casi cinco siglos después de la invasión árabe (Meky 113). ¿No es lógico suponer que de haber existido el conde traidor y de haber jugado un rol tan espectacular y dramático en el destino del reino visigodo, difícilmente habría podido quedar desconocido a todos estos cronistas durante tanto tiempo? Lo más probable es que aun cuando hubiera existido un personaje histórico que pudiera servir como modelo para la construcción social de la imagen del conde Julián en aquella época, su función no tuvo la relevancia que se la adjudicó en el discurso ideológico de la Reconquista. Esta suposición resulta plausible si consideramos que, según la *Crónica mozárabe del 754*, la incursión de los árabes en la península ibérica ocurrió antes de que Rodrigo fuera elegido el rey de los visigodos.

La leyenda de Florinda mantiene su vigencia a lo largo de los siglos debido a la misoginia religiosa, la conveniencia de un paralelo bíblico, y por la necesidad de sacrificarla junto al rey Rodrigo en calidad de chivos expiatorios, en un ritual de sacrificio humano de ascendencia pagana.

Dicha leyenda forma parte de la narrativa que presenta la derrota de los visigodos como castigo divino a las transgreciones de sus reyes:

> ... por los pecados de Witiza y del postrer Rodrigo y de otros reyes anteriores, algunos de los cuales se apropiaron de la dignidad del trono con una conjura, otros por fratricidio o parricidio, sin respetar la sucesión establecida, estalló la ira de Dios y apartó de la presencia de su Majestad a la gloria de los godos, a la que hasta entonces había tolerado (Jiménez de Rada 1989).

La imagen ficcional de la reina Egilona permite oponer su virtud al vicio de don Rodrigo. Subrayamos una vez más que se trata de una construcción social porque el cotejo de los textos medievales, renacentistas, ilustrados y románticos, revela datos inconsistentes y contradictorios. Se le nombra "Egilo" en la *Crónica mozarabe de 754,* pero en la crónica escrita por el arzobispo Rodrigo Jiménez de Rada su nombre es Rucilona (260). En la *Crónica sarracina* del Pedro del Corral se le llama Eliaca, y se afirma que es la hija del rey de África (702), mientras que Miguel de Luna, por su parte, le concede identidad árabe y el nombre de Zahra Abnalyaca (11). En la *Historia de España y su influencia en la historia universal* de Antonio Ballesteros se alude a la viuda de Rodrigo con dos nombres, Egilona y Umm Asim (7).

La información que emerge del discurso cronístico e historiográfico con respecto a la identidad de la reina se complica con la sugerencia de que Egilona pudo haber sido la hermana y no la viuda del rey Rodrigo (Gerli 3) y con la aclaración de que la mujer llamada Sara en los últimos años del reino visigodo era una princesa goda y nieta del rey Witiza (Ballesteros 113).

Al referirse al matrimonio de Egilona con Abdalasis, Ramón Menéndez Pidal añade un importante detalle: "según varios historiadores, 'Abd al-'Aziz se casó con la viuda del rey Rodrigo. Los cronistas árabes llaman a esta princesa Ailo, y los españoles, Egilona. Desde luego, se hizo musulmana, y adopto el nombre de Umm 'Asim, apenas dio un hijo de este nombre a su nuevo esposo" (1957).

La alusión de Menéndez Pidal a la conversión de Egilona y a su maternidad posterior al matrimonio con el hijo del general Musa, contradice el discurso literario e historiográfico de los siglos XVIII y XIX. En la *Historia general de España desde los tiempos primitivos hasta la muerte de Fernando VII* de Don Modesto Lafuente se informa a los lectores que el nuevo esposo de Egilona no le exigió "que abrazase el islamismo, la permitió seguir siendo cristiana, y le dio el nombre árabe de

Ommalisam, que quiere decir *la de los lindos collares"* (1887). Nótese que Modesto Lafuente propone un nombre alternativo pero que suena parecido al de Umm Asim, y le de una explicación que permite evadir el tema de la maternidad de Egilona y la posibilidad histórica del mestizaje entre los musulmanes y los cristianos.

5. La viuda del rey Rodrigo en *El último godo*.

En todas las obras dramáticas que tratan el tema de Egilona se mantiene el motivo central del matrimonio de la esposa de Rodrigo con el caudillo árabe, aun cuando el desarrollo de la acción y la configuración de los personajes varían significativamente de acuerdo a la intencionalidad ideológica del autor. En *El último godo*, por ejemplo, la función de la esposa de Rodrigo se acomoda a la textualización de la problemática de honor conforme a los gustos del público en la época de Lope de Vega. El tema de la "pérdida y recuperación" de España sirve de fondo para la acción dramática. Lope parte de la versión de los hechos narrados en *La verdadera hystoria del rey don Rodrigo*, de Miguel de Luna, destacando la culpa y el castigo de Rodrigo. Hay una compleja interdependencia entre varios elementos temáticos, siendo central el tema de honor en la estructura del conflicto. Lope incluye la referencia a la violación de Florinda y la venganza/traición del Conde Julián, pero enfoca otra transgresión, la que Rodrigo comete al casarse supuestamente con la hija del rey de Argel, Zara, sin el consentimiento de su padre. La esposa argelina de Rodrigo acepta convertirse al cristianismo por influencia del rey, y como la famosa Elena de Troya, se convierte en la manzana de la discordia. En la pieza, el desencadenante de la invasión árabe a España es la triple ofensa que Rodrigo le asesta al gobernante argelino Benadulfe, es decir, a su honor de rey, de padre y de musulmán (Niehoff McCrary 40). La violación de Florinda y la traición del conde Julian son decentralizadas al pasar a formar parte del desarrollo del conflicto junto con otras transgresiones del monarca, como la de entrar en cierta cueva prohibida. Todas estas faltas sirven para justificar la ira de

Dios contra el transgresor, ubicando la pieza firmemente dentro del discurso providencialista.

Cuando por una tormenta la barca con la princesa Zara a bordo llega a la costa española, se produce el encuentro con el rey Rodrigo, quien le ofrece ser su esposa, con la condición de que se convierta al cristianismo. Al enterarse de que Zara haya aceptado la propuesta del rey godo, su padre, Benadulfe exclama: "¡Cristiana, y mujer de aquel /Que es nuestro enojo y castigo! / ¡Maldiga el cielo a Rodrigo / Y a quien se junta con él!" (Vega 1897). Al tomar la resolución de vengar la afrenta, el rey argelino no se limita a emitir una amenaza en contra de la integridad física del ofensor, sino que jura destruir "la corona," es decir, el símbolo del estado y de la monarquía goda: "¡Por Alá, que esta corona / He de ver hecha pedazos" (loc. cit.). La función de la esposa de Rodrigo en la pieza de Lope de Vega se reduce a ser el objeto de discordia, cuya posesión es discutida entre dos hombres poderosos, y es la causa del conflicto entre los musulmanes y los cristianos.

Lope de Vega se sirve en el *Último godo* del motivo literario proveniente de la *Illiada* de Homero igual que lo había hecho anteriormente en su poema *Gatomaquia* (Blázquez Rodrigo 1995). La referencia al rapto de la bella princesa se contextualiza al principio de la pieza: al invitar a Zara a dar aquel paseo malhadado en la barca, el mozo árabe Abenbucar exclama: "quien fuera Troyano para robar esta Elena" (Vega 1897). El matrimonio y la conversión de Zara provocan la furia de su padre musulmán incitándolo a buscar venganza.

Para darle cuerpo al planteamiento del castigo justo, el dramaturgo necesitaba recargar los tonos en la configuración moral de su protagonista. Una sola transgresión, la seducción o violación de Florinda, no sería suficiente para la realización de tal propósito, pues podría interpretarse como efecto de un poderoso apasionamiento y verse en el marco de la teoría dramática clásica como un "error disculpable" del héroe trágico "más bueno que malo," según la definición de Aristóteles (50). Dicha perspectiva no hubiera encajado en el propósito ideológico del autor: sugerir la inevitabilidad de la destrucción del reino godo por voluntad divina como consecuencia de las acciones de su rey. El castigo divino se materializa en forma de la catástrofe militar del ejército godo en el año 711, a la cual le preceden las tres transgresiones de Rodrigo: el desafío a la prohibición de entrar en los umbrales de la cueva prohibida, la afrenta al rey de Argel y la violación de Florinda. El motivo del castigo va a ganar en importancia en la producción de los autores del siglo XVIII, ya que permite racionalizar el cataclismo que representó la conquista musulmana en la península ibérica. Se va a repetir en la obra de los dramaturgos ilustrados enfrascados en la lucha por la identidad nacional española, según veremos más adelante.

El motivo de la transgresión y del castigo tiene raíces clásicas, pero encaja bien en el contexto religioso cristiano por ser identificable con la idea de la culpa y la penitencia. El teatro del Siglo de Oro funcionaba mayoritariamente en un marco ideológico orientado hacia los intereses de la monarquía española y por eso en su cuerpo predomina la imagen de un rey justiciero. El rey acepta la reacción violenta del pueblo frente a la agresión directa o la conducta indigna de la nobleza, como por ejemplo se ve en *Fuenteovejuna* o *El alcalde de Zalamea*. Puede parecer que en *El último godo*, Lope de Vega abandona este formato preferido por los dramaturgos de su época, ya que el castigo se aplica a un monarca. La obra parece ofrecer un ejemplo moral de acuerdo con la tradición de la tragedia clásica, pero la realidad es distinta. hay que recordar que éste se basa en una construcción historiográfica muy establecida y aceptada. El mensaje moralizante de Lope de Vega no tiene un contexto subversivo en contra de la monarquía española ya que ésta no se ve vinculada con Rodrigo, sino con la figura de don Pelayo, el Restaurador, introducido en la tercera jornada.

6. *Egilona* de Cándido M. Trigueros: una tragedia sin héroe.

Un cambio radical en el tratamiento del personaje de la reina se produce como resultado del desarrollo del teatro neoclásico en la España dieciochesca. La figura de Egilona se desprende de su función secundaria de "la esposa del rey Rodrigo," y pasa al primer plano en el contexto ideológico ilustrado, en que se exaltan a virtud, la verdad y el bien común. A diferencia de la tragicomedia *El último godo*, donde la variedad de eventos, acciones secundarias, temas y subtemas no permite que muchos de los personajes se definan más allá de un básico papel simbólico, en las piezas dieciochescas hay un mayor enfoque en la individualidad de los protagonistas.

El cambio de la construcción de los personajes se nota ya en la tragedia *Egilona* de Cándido María Trigueros. A pesar de una distribución muy limitada: pocas representaciones y ninguna publicación conocida antes de 2005, la pieza tiene relevancia por ser uno de los primeros textos neoclásicos del ciclo dramático que desarrolla el tema de la pérdida y la recuperación de España. En una carta que originalmente acompañó el manuscrito y luego se publicó como prólogo, el autor explica su propósito artístico y alude a la supuesta historicidad de la versión de los hechos que se plasma en su pieza:

> Se sabe que Abdalasis fue muerto por sus crueldades, por las violencias que hacía a moras y cristianas, porque afectaba tiranía, o se intentaba levantar rey contra Miramamolín. Ayub, o Ajub, su pariente y sucesor en el gobierno de España, fue acusado por algunos de haber contribuido a su muerte, y comúnmente se creyó que los celos de la goda Egilona no fueron el menor agente de tal

asesinato. Esto que es pura historia es el fundamento de mi drama (51).

La supuesta historicidad del asunto de la tragedia se basa en los escuetos datos que la ya mencionada *Crónica Mozárabe de 754* ofrece sobre el hijo del general Musa, llamado Abd al-Aziz. Además de sus ambiciones políticas, según la crónica, supuestamente, Abdalasis manuvo una conducta libertina "al desear ardientemente a la reina de Hispania, unida en matrimonio, o a las hijas de reyes y príncipes, llevadas al concubinato e imprudentemente abandonadas" y como resultado, "fue asesinado cuando estaba en la oración por consejo de Ayyub" (citado por Pérez Marinas 2013). Trigueros mantiene el motivo de la traición de Abdalasis, pero enfoca su supuesta actitud libertina como causa de su muerte. Sustituye la palabra Hispania con España, con lo cual marca continuidad histórica entre los godos y los españoles y establece anacrónicamente el paralelo entre el reino godo en Hispania y el reino de España. El argumento se construye sobre la base de la visión neoclásica, y su acercamiento moralizante a la problemática de las pasiones humanas. Trigueros utiliza el argumento proveniente de la crónica medieval para cumplir la propuesta ilustrada que busca nacionalizar el género de la tragedia clásica, y que ya fue articulada en los escritos de Agustín Montiano y Luyando.

La configuración y la trayectoria dramática de los protagonistas, el emir Abdalasis y la reina Egilona, gira en torno a la representación de sus pasiones violentas, la lujuria en el caso del primero, y los celos, en el de la segunda, mientras que el motivo de las intenciones autonomistas del gobernador moro queda desplazado a un lugar secundario. La caracterización del caudillo árabe resalta por negativa: es traicionero, cruel, innoble y cobarde; motivado por la obsesión de satisfacer sus bajos instintos, ni siquiera respeta los umbrales del templo religioso. Curiosamente, la imagen de la reina Egilona también está cargada de tonos negativos. En su raíz visualizamos el mito de la mujer terrible, Lilith y Eva a la vez. Como la primera, Egilona mantiene una independencia que raya en rebeldía, y como la segunda, empuja a su esposo a la perdición con sus acciones o consejos. La propia protagonista lo afirma en la primera escena de la obra: "Yo misma alimenté sus crueldades, / yo le hice aspirar a la corona: / yo soy, quien las traiciones, que maquina / le enseñó a concebirlas, como glorias" (Trigueros 2005). Esta imagen se vincula a la tradición cultural medieval, según la cual el acceso al poder de las mujeres liberadas de la autoridad de su esposo tiene consecuencias trágicas (Mirrer 2). Por tanto, el enfoque en la figura de Egilona en el caso de esta tragedia no representa una postura ideológica a favor de la mujer. Al justificar el título de su obra, Trigueros indica que el nombre de la reina goda resulta ser su única opción por omisión:

> Son tan principales todos los personajes de esta tragedia y cualquiera de ellos interesa tanto que pudiera darla el nombre, pero como Ataida e Ibrahim son nombres inventados, no me pareció que ninguno de ellos debía intitularla. Abdalasis se pinta muy aborrecible, y Ayub no me pareció tan principal como Egilona, de lo cual ha resultado el ponerle el nombre de ésta, que por otra parte es sonoro, y propio de la historia de nuestra nación (2005).

Tal caracterización complica el problema y es que debido a la configuración de los personajes, la obra resulta ser una tragedia sin héroe trágico, ya que ni Egilona, ni mucho menos Abdalasis pueden considerarse como tales. Las trayectorias de los cinco personajes principales de la pieza aparecen vinculados por medio de una intriga enrevesada. Desde los primeros versos se revela que Egilona está furiosa con Abdalasis por sus infidelidades. Le pide a Ayub apoyo para castigar a su esposo con la muerte. Éste, aunque se muestra sorprendido por tal solicitud en un principio, accede a la idea de matar a Abdalasis. Sugiere justificar el asesinato con una supuesta ruptura del vasallaje hacia el califa árabe, Miramamolín. En la conversación con Ayub, Egilona explica que Abdalasis no tenía intereses autonomistas, y que ella lo instigó "a revestirse de la real corona" únicamente con el fin de perderle por causa de sus celos (Trigueros 61).

La calidad de la tragedia se resiente de la intriga apresurada; los cambios en el comportamiento de los personajes son bruscos, apurados y poco convincentes; ningún personaje se destaca como una figura que encaje en el modelo de héroe, mientras que ni el desarrollo de la acción, ni el suicidio final del emir producen efecto trágico. Por ende, *Egilona* de Trigueros fracasa al no contener los componentes necesarios para provocar la catarsis, y esta debe de ser la razón por la cual la obra quedó inédita hasta el siglo XXI.

Sin embargo, esto no quiere decir que la pieza no tiene significación como un documento que refleja el proceso de formación de la conciencia nacional durante la época ilustrada en España. Según Aguilar Piñal:

> la protagonista, Egilona, no se ajusta a la verdad histórica, ya que Trigueros la presenta fiel a la religión cristiana, cuando se sabe que se hizo musulmana, arabizando su nombre… Toda la trama, repleta de odios y venganzas, de

la que Egilona tampoco sale muy favorecida, está concebida para suscitar el rechazo de la figura del moro invasor, un año antes de que apareciese en escena el tema de la resistencia asturiana en un marco neoclásico, con el Pelayo, de Jovellanos, y la Hormesinda, de Moratin (194).

En efecto, la configuración de la reina resulta poco creíble desde la perspectiva histórica a la luz de la realidad cultural y social de aquella época, pero ideológicamente, dentro del contexto ilustrado la confrontación entre la Reina y su esposo, así como su capacidad de ejercer el poder en la corte de Abdalasis tiene mucha relevancia. Aun cuando el personaje de Egilona se perciba como figura negativa dentro de la trama, no dejamos de notar que su funcionalidad forma parte de un discurso ideológico que beneficia el naciente nacionalismo español. Al mostrar la debilidad del máximo jefe árabe en Al-Andaluz, Trigueros desprestigia la memoria de la conquista musulmana que Abdalasis representa. Desde el principio de la tragedia, Egilona se define como una figura poderosa a través de su lenguaje, pletórico en amenazas, mandatos y expresiones peyorativas dirigidas a los árabes. El hecho de ser capaz de influenciar la conducta de Abdalasis, quien se muestra temeroso de enfrentársele, directamente subraya la autoridad de la reina. Aunque Egilona fue rescatada del campo de la batalla por Abdalasis, casi arrancada de las manos de otros 20 moros, seducidos por su belleza, no queda como una simple presa de guerra, sino que tiene agencia y poder. No es una figura subalterna; actúa como un sujeto, toma decisiones independientes, trama alianzas con distintos personajes y facciones de árabes descontentos, e incluso alude a cierta fuerza militar goda que supuestamente la apoya.

El motor detrás de las intenciones siniestras de Egilona son sus celos provocados por la conducta lujuriosa de Abdalasis. En el parlamento de la reina se respira la soberbia medieval masculina: no trata de dar explicaciones, ni quejas, sino que se afirma el derecho a vengar el ultraje, fundado en la excelsitud de su nacimiento:

> Sí, quiero dar la muerte a quien adoro:
> y porque de Abdalasis soy esposa
> porque le adoro, quiero darle muerte:
> tales son los amores de Egilona.
> Yo desmintiera el generoso timbre
> de la antigua y soberbia sangre Goda,
> si pudiera dejarle con la vida. (Trigueros 2005)

Aunque el autor explica que su intencionalidad artística es explorar principalmente el tema de las pasiones violentas, la configuración de los personajes revela su motivación política. En particular, esto atañe a la caracterización de Egilona. Es ella quien asume la responsabilidad en el vacío del poder luego de la muerte del rey Rodrigo, siendo la heredera natural del trono. Su poder y su importancia se confirman con la supuesta intención de Abdalasis de obtener el derecho a la corona de España por medio del matrimonio con la reina viuda. De este modo la conquista árabe se presenta como incompleta. En la mente de los espectadores, si el Emir árabe tuviera poder real y fuera un conquistador auténtico no necesitaría recurrir al matrimonio o intrigas palaciegas para lograr lo que ya ha conquistado por la fuerza. Trigueros comparte el uso de este recurso con otros autores neoclásicos. Por ejemplo, en el drama *Hormesinda* de Nicolás Fernández de Moratín, el general moro Munuza, gobernador de Asturias, busca legitimar las mismas aspiraciones mediante la unión con la hermana de Pelayo, presentada como la heredera de la corona goda.

A pesar de muchas diferencias de forma y contenido que separan las piezas de Lope y de Trigueros, la caracterización y la función dramática de Egilona en la estructura de la tragedia del último, sugiere la presencia de un subtexto ideológico similar al que se respira en la pieza dramática del primero. La pérdida de la España goda, que en el caso del rey Rodrigo fue paralela a la pérdida de su vida y de su esposa, es identificable en el plano simbólico a la sumisión de la mujer cristiana al invasor musulmán. En este aspecto, el dramaturgo sigue la metaforización de la Hispania visigoda como mujer viuda, arrebatada a los cristianos, en los escritos de Alfonso X (1906). La respuesta artística a este hecho histórico, —espina en el orgullo masculino de los cristianos vencidos—, fue la feminización de los moros y la imaginaria posesión de sus mujeres por medio del discurso literario de la reconquista. No es casual el hecho de que Lope de Vega haya favorecido la versión de la ofensa al Rey de Argel asestada por Rodrigo al apropiarse éste de su hija, hecho cuya historicidad es más que dudosa. El discurso literario de la reconquista rechaza la versión —históricamente probable—, de la sumisión e islamización de Egilona, una reina cristiana, de la misma manera que se rechaza el Otro, no-cristiano o converso. Lope de Vega se adscribe a la ideología de la reconquista al pintar la sumisión y la cristianización de una princesa musulmana, con el fin de negar la historia, y compensar artísticamente el trauma de la derrota de los hombres cristianos y la apropiación de sus mujeres por los conquistadores africanos. Trigueros se mantiene en el mismo espacio ideológico que Lope de Vega, aunque prefiere la identidad cristiana de Egilona. Elabora el mito de una reina que, a pesar de unirse en matrimonio al emir musulmán, no renuncia a su religión, mantiene su poder e incluso da muestras de una conducta amenazante. Por contraste, Abdalasis se configura de acuerdo con el modelo que podemos asociar con el estereotipo literario femenino, fabricado, según explica Toril Moi, por la tradición patriarcal: es decir, miente, expresa temor y trata de manipular a un hombre para que sea el ejecutor de sus planes (62).

En fin, el personaje de Egilona, construido por Trigueros, trasciende su probable destino histórico: el de haber sido parte del botín de guerra de Abdalasis. Más que una víctima, la reina es una protagonista que lleva a cabo una lucha activa por aliviar los sufrimientos de su país y al mismo tiempo realiza una actividad evangelizadora. Es decir, su matrimonio con Abdalasis se justifica casi como un ardid de guerra, y como resultado gana ella y con ella, toda la España cristiana. Este motivo reaparece en otras obras del ciclo de dramas dedicados al tema de la pérdida y recuperación de España.

7. Una reina traicionada: *La Egilona, viuda del rey don Rodrigo.*

En la pieza atribuida a Antonio Valladares de Sotomayor, titulada *La Egilona, viuda del rey don Rodrigo*, un vasallo godo, fiel al desaparecido rey, esconde a Egilona en un lugar secreto cerca de Sevilla para evitar que ella caiga en manos de los moros. El vasallo se llama Pelayo, pero no tiene la función heroica del Pelayo asturiano, el famoso protagonista de los eventos de Covadonga asociados con el comienzo de la Reconquista. El vasallo teme por la suerte de Egilona, y cree que para protegerla debe casarla con su hijo, quien curiosamente también se llama Rodrigo. Desde el principio de la pieza se establece que el personaje de la reina simboliza a España, y que sin su captura y muerte no es completa la victoria árabe:

> Desde aquel infeliz día
> en que se mira deshecha
> toda la gloria española
> por las armas Sarracenas,
> de modo ocultarte supe
> que burlé las diligencias
> de Muza, y Tarif, que ansiosos
> te buscaban porque fuera
> en el ara de sus iras
> la víctima tu inocencia.
> Pensaba, y bien, que no
> podrían con evidencia,
> y seguridad llamarse
> dueños de la España mientras
> no la quitasen la vida
> a la Viuda amable, y bella
> de Rodrigo que eres tu;
> (Valladares de Sotomayor 3)

El vínculo simbólico entre España y Egilona, así como la idea de que Egilona representa un peligro para el dominio árabe se confirma en las palabras de Celima, la hermana del Califa, quien le reprocha a Abdalasis su actitud generosa hacia la reina goda: "Esta clemencia / usas con la que de España/ tuvo la corona puesta?" y le pregunta si "será justo acaso/ exponer a contingencias/ el Reyno que es de mi hermano/ porque tu la favorezcas?" (Valladares de Sotomayor 11-12).

La traición del enamorado y celoso Iñigo, enfurecido por la posibilidad del matrimonio entre la reina goda y el hijo de Pelayo —una reminiscencia simbólica a la mítica traición del conde Julián—, hace posible que ésta sea apresada y llevada a la presencia de Abdalasis. Pero a pesar de su posición de prisionera, en todo momento Egilona mantiene su majestad. No proyecta la imagen de una reina vencida, sino más bien de una triunfadora. El triunfo tiene que ver con la rendición inmediata de Abdalasis. Impresionado por la belleza de la reina, el gobernador árabe declara sus aspiraciones a su mano. Mas no se trata de una conquista amorosa de Abdalasis, ya que Egilona se coloca en una posición de poder y articula una serie de exigencias que el caudillo debe cumplir como condición previa al matrimonio, una de las cuales es renunciar a la religión musulmana. La reacción del gobernador árabe es de total consentimiento frente a las demandas de la bella cristiana, incluso en cuanto al asunto de la conversión religiosa. El árabe sella el triunfo de Egilona con las siguientes palabras: "Primero / haré yo lo que convenga / a la España, a los Cristianos, / a ti, y a mi. Nada temas" (Valladares de Sotomayor 16). En el discurso de Abdalasis se vincula el destino de España y Egilona, la libertad de los españoles y el planificado matrimonio: "Egilona / puede a España dar aquellas / dichas, que dije" es decir le promete la libertad y el fin de la opresión (16). La viuda de Rodrigo lo confirma respondiendo a su fiel vasallo:

> Esto es, Pelayo, que ordena
> el cielo, que de las dichas
> de nuestra patria, yo sea
> instrumento, y que aquel trono,
> que me arrebató la adversa
> suerte, le ocupe. […] (16)

Conviene señalar que el poder de Egilona se vislumbra de modo igual en el nivel de la estructura de la acción. Aun antes de realizarse el himeneo, la viuda de Rodrigo desplaza a Abdalasis y toma en sus manos las riendas del desarrollo de la acción. Aunque su estatuto oficial es de una simple huésped en el palacio del emir, Egilona emite órdenes y es obedecida por el jefe de la guardia, Mahometo. Del mismo modo que en la pieza de Trigueros, al final de este drama, Egilona hace manifestación de su poder cuando dispone de las fuerzas militares. Llega incluso a formar una guardia mixta de soldados cristianos y musulmanes y les encarga la protección del palacio. Abdalasis aparece como una personaje desmasculinizado e incapaz de ejercer su función ejecutiva de gobernador. El conflicto se desencadena casi sin su conocimiento ya que es Egilona quien toma las riendas y controla toda la situación. Por tanto, su triunfo final representa el triunfo de España. Egilona se apropia del papel de "protector," tradicionalmente masculino, al afirmar que "defiende la amable y preciosa vida/ del que es mi esposo" mientras que Abdalasis feminizado manifiesta una sorpresa total: "De asombrado a hablar no acierto" (16). A su pregunta: "Con qué Iñigo y Zoraide, / Egilona mía, dentro,/

de esa bóveda se hallan?" (loc. cit), Egilona responde con todo de seguridad y confianza en su propio poder: "y por mi de guardia puestos/ en ambas puertas Christianos y Moros, siendo Mahometo/ quien mi orden executó/ que por menor serás luego de todo enterado" (loc. cit). Abdalasis acepta la protección de la reina, y queda informado de que ella también ha ordenado la detención de dos personas culpables (Valladares de Sotomayor 16). Esta imagen del jefe árabe refleja como al eco la construcción feminizada de los judíos y musulmanes en los textos medievales y renacentistas, estudiada por Louise Mirrer (4). En esta y otras tragedias, los hombres musulmanes son despojados de su masculinidad como se puede ver por la cita anterior. Otro rasgo de su debilidad es mostrar cortesía y comprensión incluso al ser insultados por sus prisioneros, según se puede constatarlos diálogos entre Munuza y Pelayo en la tragedia de Quintana, y entre Abdalasis y Rodrigo en el drama trágico de Gómez de Avellaneda.

Abdalasis claudica todo el poder y acepta la función dominante de Egilona. Es significativo que la llame "mi dueña" y "Reina de España," así como indique que es ella quien ocupará por derecho el trono y tendrá el cetro en su mano. Cuando se le concede el poder real a Egilona, no es Abdalasis quien lo hace, sino los godos presentes en la escena final, Pelayo y Rodrigo. Al dirigirse a la audiencia, y especialmente a estos dos personajes, Abdalasis los exhorta a que nombren reina a la viuda de Rodrigo, es decir, les extiende una recomendación, pero son ellos quienes tomarán esta decisión. Cómo resultado de esta construcción ficcional, la derrota goda se transforma por magia del arte literario en un triunfo para la España cristiana. Egilona sustituye al ausente Rodrigo, y por contraste con el resultado fatal de la batalla de Guadalete, sus esfuerzos se coronan con la victoria. Al mismo tiempo supera a Rodrigo en la virtud, y es configurada como una heroina perfecta, sin faltas, ni vicios. Este es un elemento importante, porque así se justifica el hecho de que Egilona logra placar la furia de Dios y lavar con su virtud y valentía los pecados del rey difunto. En el primer encuentro con el gobernador moro, habla con firmeza de sus principios morales:

> Mas con todo en los trabajos
> que he padecido, conserva
> mi alma, la preciosa luz
> de la virtud, sé que en esta
> vida, desgracias, ni dichas n
> o pueden ser duraderas.
> La lengua que hoy nos alaba
> poco después nos desprecia,
> que el tiempo hace autoridad
> de lo vario, pero extenta
> de su rigor la virtud
> se mira siempre: con ella
> no saca partido, pues
> cuando la oprima se eleva,
> y mientras yo la conserve
> lo demás no me da pena
> (Valladares de Sotomayor 11).

Abdalasis queda totalmente subyugado por este discurso. Su respuesta es "hacer que las cadenas/ que tu virtud, y hermosura/ maltratan queden desechas" (11).

Dentro del contexto ideológico de la pieza, el ya mencionado paralelo entre la traición del conde Julián y la de Iñigo, permite invertir en el texto el resultado histórico de tal indigna acción. Los moros logran dar con el paradero de Egilona gracias a la información suministrada por el sobrino de Pelayo, pero la traición se frustra ya que la reina goda sale vencedora del enfrentamiento, e incluso salva al propio Abdalasis de la muerte. Este desarrollo de los eventos permite compensar y sublimar a través del arte la memoria traumática del mito de la traición que llevó a la derrota de las tropas cristianas en Guadalete. El final feliz de la obra persigue el mismo objetivo. Valladares y Sotomayor nno estaba preocupado por el hecho de que el triunfo de Egilona y, por extensión el del Abdalasis, hayan sido inconsistentes con la realidad histórica, según las múltiples fuentes historiográficas autorizadas. Las últimas palabras confirman la entronización de Egilona y la victoria de España, cuando Abdalasis exclama "Domine a España la que impera en todo mi afecto" y luego todos le replican "Nuestra gran Reyna Egilona / Viva por siglos eternos" (36).

8. *Abdalasis y Egilona* de José de Vargas y Ponce

En la tragedia *Abdalasis y Egilona* de José de Vargas y Ponce, desde la primera escena al personaje de la reina goda se le adjudica un papel clave en el conflicto dramático. Se le presenta como agente de poder activo, de comportamiento firme y autoritario. El conflicto gira en torno al propuesto matrimonio entre Abdalasis y Egilona. Tanto los godos como los moros están escandalizados con la posibilidad de la unión entre la reina cristiana y el conquistador árabe. Los primeros creen que Egilona mancha su estirpe uniéndose a Abdalasis, mientras que los segundos se muestran preocupados con la influencia que la reina goda puede ejercer en su caudillo musulmán. El lider religioso de los árabes, Ibrahim se lamenta ante el ayo de Abdalasis de que "en este sitio/ no otra deuda se paga que una corte / servil y desleal, y un feudo indigno / a la esclava que todo lo domina / y todos aduláis." (Vargas y Ponce 2). En otra parte de la obra el general Mahomad confirma en su conversación con el personaje godo Teudis que la viuda de Rodrigo no es esclava, ni trofeo de guerra, sino que goza de su libertad y además tiene un poder total del alcázar de Córdoba. Le invita retóricamente a pasar adentro para verlo con sus propios ojos:

> Entra: no temas el zelar prolixo,
> ni escrúpulo oriental, ni viva alarma
> del honor mugeril el frágil vidrio
> con cerrojos guardando y atalayas:
> libre Egilona triunfa en este sitio
> Entra, y creerás que reynan vuestros godos
> y con ello también reynan sus vicios"
> (Vargas y Ponce 8)

La referencia a los vicios de los godos está directamente relacionada con el mito, ya mencionado, que presenta la victoria musulmana como castigo divino, aunque en este caso se trata del antecesor de don Rodrigo. En las obras del período ilustrado y romántico alternan las referencias a las transgresiones del rey Rodrigo con las de Vitiza, siguiendo las dos versiones que se remontan al discurso cronístico medieval. Por ejemplo, en la tragedia decimonónica titulada Abdalasis, de Manuel Cortés, el personaje de Teudis, al comentar sobre la resistencia cristiana en los Pirineos, exclama que se extinguió "la raza de Vitiza; no hay pérfidos ahora; aquellos montes / almas nobles y fierro sólo crían" (28). En la tragedia de Vargas y Ponce se alude a un Vitiza desbocado "tras villanos y torpes apetitos," que "arrastró a su corte, / y a su palacio y a su solio mismo" fuera del camino de la virtud (7). La racionalización del rápido avance de los árabes por la península ibérica y la destrucción del reino cristiano se con- firman en el parlamento de Mahomad, según el cual el abandono de la virtud llevó a Rodrigo y su "reino hundirse en el abismo / de la desolación" (Vargas y Ponce 5).

En esta tragedia de Vargas y Ponce, al igual que en *Egilona, la viuda del rey Rodrigo*, de Valladares de Sotomayor, el hecho de que Mahomad dé explicaciones y le pida ayuda al representante de un rey derrotado es indicativo de la debilidad de los musulmanes y pretende reducir la importancia de su victoria. El árabe está preocupado por el inminente matrimonio entre su jefe y la viuda cristiana. Al confesar que teme el funesto destino de don Rodrigo para Abdalasis, sugiere que el himeneo planeado es tan ilegal y sacrílego como la relación entre don Rodrigo y Florinda y puede acarrear el mismo resultado, es decir, reconoce su falta de legitimidad. De sus palabras se deduce que la unión entre la viuda de Rodrigo y el gobernador árabe puede desencadenar la rebelión de los cristianos y la destrucción del reino musulmán. La inseguridad de Mahomad se confirma con las demostraciones de la debilidad por parte de Abdalasis. Se le representa como un personaje incapaz de asumir el poder, controlar su destino o ejercer autoridad sobre sus súbditos y soldados. El tratamiento del personaje es similar al que observamos en las obras dramáticas mencionados anteriormente.

La reina Egilona tiene una participación activa en el desarrollo de la acción y emerge como agente del poder cristiano. De este modo sugiere la fragilidad del éxito de la conquista árabe, algo que se confirma en el comportamiento y las palabras de Abdalasis, Mahomad e Ibrahim.

El personaje visigodo, Teudis, al lamentar delante de la reina los peligros que acechan a los visigodos anuncia que el pueblo pone la esperanza de redención en ella: "la nación hoy por mí su voto explica / ella te manda" (Vargas y Ponce 11). Este parlamento reproduce el modo en que los godos se dirigen a don Pelayo en las tragedias neoclásicas cuando insisten en su papel histórico.

Egilona no llega a asumir una función heroica redentora similar a la de don Pelayo, porque esta solución sería contraria a todas las versiones de la historia que llegaron a nuestros dáis. Pero en esta obra no es el esfuerzo militar de Egilona lo que tiene valor para la supervivencia de la casa real visigoda y por extensión de la cristiandad europea. La reina es la portadora de la pureza de su estirpe, que deben ser protegidos de la agresión del Otro. El honor de los visigodos y por extensión de toda España se encuentra depositado en el cuerpo de la reina, y por eso Teudis concibe la idea de matarla para prevenir el deshonor. El dramaturgo aprovecha este momento dramático para intensificar el conflicto: Teudis descubri que es el padre de Egilona y por tanto tiene que sopesar las obligaciones paternales y una responsabilidad ante la cristiandad europea. No llega a tomar la funesta decisión, porque como consecuencia de las intrigas palaciegas, Ibrahim mata a Abdalasis y Egilona se suicida. Vargas y Ponce insiste en la ausencia de la relación física entre el líder musulmán y la reina cristiana, con lo cual contribuye a la narrativa sobre la supuesta "pureza de sangre" de los españoles en el momento histórico de cristalización de la nación. Niega simbólicamente la posibilidad de convivencia entre los dos grupos étnicos. De este modo, la pieza se inscribe en el discurso hegemónico que rechaza la participación de los moros en la etnogénesis de la nación española.

9. *Egilona* de Gertrudis Gómez de Avellaneda

Entre las obras teatrales dedicadas al tema de la viuda de Rodrigo descuella el drama trágico de Gertrudis Gómez de Avellaneda, y no sólo por la calidad de sus versos y la intensidad con que los personajes viven los conflictos, sino también por la reconfiguración del conflicto y de la imagen de Egilona y Abdalasis. Para la elaboración del drama, Gómez de Avellaneda se inspira en la tragedia Pelayo, de Manuel José Quintana, por quien siempre sintió una gran admiración y aprecio. En la tragedia de Quintana el conflicto se desarrolla de acuerdo con la visión neoclásica y la muerte de la heroína ocurre como resultado de su incapacidad de sobreponer la razón a la pasión. Hormesinda, que en la pieza juega un papel paralelo al de Egilona, se siente atormentada por una lucha interior entre el sentimiento del deber a la patria y el amor por el gobernador moro. Sigue la voz de la conciencia y libera a su hermano de la cárcel, pero luego vuelve al lado de su esposo Munuza y muere en medio de la rebelión visigoda.

A primera vista puede parecer que el argumento de Egilona de Gómez de Avellaneda respeta las pautas trazadas por otros dramaturgos. Sin embargo, ya en el primer acto se introduce una innovación importante: el rey Rodrigo entra en escena. La presencia del esposo incrementa la intensidad del conflicto interior de la protagonista. Egilona no es ya una simple víctima de las circunstancias ni una reina todopoderosa, sino una mujer desgarrada por su lucha interna. Picón Garfield señala que "A Egilona le agobia la pugna entre su deber de esposa fiel quien jura seguir a Rodrigo" y su amor por el emir Abdalasis (94). Egilona ama a Abdalasis y ha aceptado a unírsele en matrimonio, pero al descubrir que su esposo visigodo, a quien creía muerto, está vivo, siente que el vínculo matrimonial anterior la obliga a seguirlo. La tragicidad de la obra emana de la ausencia total de una solución plausible a la situación que se produce por la confrontación de dos posiciones justificables, la del deber contraido en las nupcias con Abdalasis y la del deber hacia Rodrigo. El conflicto se complica con el hecho de que Egilona ama a Abdalasis.

 Gómez Avellaneda añade al triángulo amoroso a otro personaje, Caleb, el jefe de la guardia del emir. Enamorado de la reina goda, este personaje malvado está dispuesto a asesinar a su amo para adueñarse de Egilona, o incluso a ella misma, si sus planes se frustran. Las intrigas de Caleb contribuyen a agravar las acusasiones de apostasía que pesan en contra de Abdalasis. Desde el Damasco llega Zeyad con una carta y misión secreta de asesinar al gobernador, lo cual se hace posible durante un motin de los musulmanes en la escena final del drama trágico.

 En la obra, el tiempo entre el casamiento y la muerte de los personajes se reduce a un período de menos de un día para guardar la unidad de tiempo y para justificar, a nivel ideológico, el hecho de que el matrimonio no se ha consumado. La aparición de Rodrigo y la muerte de la protagonista ocurren pocas horas después de la ceremonia nupcial con Abdalasis y antes de la noche de bodas. Es probable que esta solución fuera inspirada en la tragedia *Pelayo* de Manuel José Quintana, donde el reencuentro del futuro restaurador de España con su hermana se produce inmediatamente después de la boda de ésta con el gobernador moro de Gijón. Al igual que la reina Egilona, Hormesinda muere pocas horas después del himeneo.

 Las similitudes entre las dos tragedias no son incidentales (Williams 57). En ambas las protagonistas sienten remordimientos que se agudizan en medio de un gran conflicto emocional, provocado por la visión de un hermano o un esposo que les recuerda y les recrimina su supuesta traición (Williams 1924: 22). Hormesinda, durante la ceremonia matrimonial, cree ver alzarse a "Pelayo en medio de los dos, y ardiendo en ira" (Quintana 36). En la víspera de su boda, también Egilona ve "súbito alzarse" ante sus ojos "de Rodrigo la imagen indignada" (Gómez de Avellaneda 81). Tanto Pelayo como Rodrigo son llevados ante los gobernadores árabes —Munuza y Abdalasis, respectivamente— y, al ser reconocidos por su arrojo temerario, son recluidos en una cárcel. Cada uno es rescatado por la protagonista con quien guardan una relación familiar —la hermana en el primer caso, y la esposa, en el segundo—; ambos se salvan al final, uno para servir como símbolo de la Restauración de España y el otro, para desaparecer nuevamente.

Me he referido a la pieza *Egilona* como un drama trágico, y es el subtítulo que usa Gertrudis Gómez de Avellaneda en la primera edición. Ahora bien, se trata de una obra que se acerca en algunos aspectos a la tragedia neoclásica, como por ejemplo en la observancia de las unidades de tiempo y lugar, según anota Harter (92). El romanticismo se manifiesta en el lenguaje patético, el enfoque en los estados emocionales de los protagonistas y sus efusiones sentimentales. El amor aparece como motor principal de la acción (Harter 92): Egilona ama apasionadamente a Abdalasis, y lo declara sin ambages en una conversación con Ermesinda, su dama de compañía y amiga. A la pregunta de si le es "odioso el emir", responde exaltada:

"¡Amo a Abdalasis! ¡Sí! ¡Le adoro, amiga!
Y en vano ya mi labio lo callara,
pues harto a mi pesar lo está diciendo

este rubor que mi semblante baña"
(Gómez de Avellaneda 79).

Sin embargo, aunque se siente justificada en sus sentimientos debido a la nobleza humana y la dignidad espiritual de Abdalasis, al mismo tiempo se siente atormentada por la conciencia de estar enamorada del enemigo de su patria y de su religión. Ermesinda trata de consolar a Egilona y le aconseja abandonar estas preocupaciones, ya que ve el matrimonio entre la reina goda y el gobernador árabe desde una perspectiva universal, que valora las cualidades humanas fuera del contexto político y religioso. Le pregunta con cierta sorpresa a la reina:

¿En qué a tu Patria ni a tu estirpe agravias
para adorar a un héroe?
(Gómez de Avellaneda 83).

Ermesinda logra abstraerse de la historia y ver en la unión entre Egilona y Abdalasis una relación amorosa privada entre una viuda infeliz y un guerrero valiente y generoso:

[...] Si la suerte
a nuestra causa se mostró contraria,
y en la sangrienta lid, por nuestras culpas
completo triunfo concedió a sus armas,
acuérdate también que sus victorias
jamás manchó con bárbaras venganzas ...
(Gómez de Avellaneda 83).

Pero para la reina goda el amor que siente implica una traición a su patria. Su matrimonio rebosa los límites de lo privado y se proyecta en el marco público del enfrentamiento entre los godos y los moros, los cristianos y los musulmanes, los africanos y los europeos.

El dilema de la reina visigoda es similar al que atormenta, por ejemplo, a la protagonista de la tragedia *Solaya o los circasianos* de José Cadalso. Igual que en el caso de la reina Egilona, la joven Solaya está enamorada de un príncipe tártaro. Se ve forzada a decidir entre su amor por un guerrero virtuoso, pero enemigo de su país, y las reglas sociales, las leyes y la voluntad de su familia.

Lo nuevo en la tragedia de Gómez de Avellaneda es la superposición de un segundo conflicto sobre el ya planteado por medio de la incorporación del mito universal del rey desaparecido. El cadáver de Rodrigo nunca fue encontrado, lo cual dio pábulo a especulaciones acerca de su posible huída después de la derrota en Guadalete. La historia generalmente acepta que el rey Rodrigo murió durante o poco después de la batalla con los moros, sin que se confirmara donde fuera enterrado, aunque algunos especulan sobre una posible tumba en Viseu, y otros la ubican en Sotiel.

Las obras literarias que desarrollaron la posibilidad de que el rey Rodrigo escapara con vida de la batalla, enfocaron su atención en los temas de la culpa, el arrepentimiento, la traición y la venganza. Un ejemplo de tal obra en el período romántio, anterior a *Egilona*, es *El puñal del godo*, de José Zorrilla. Debido a esta y otras referencias a la misteriosa desaparición del rey y a la posibilidad de que sobreviviera a la batalla quedó grabada en la mitología nacional. Por tanto, el público español estaba plenamente preparado para una nueva aparición ficcional del malhadado rey. Pero la protagonista del drama trágico de Gómez de Avellaneda, al contrario, no la espera ni la cree posible. Al reconocer a su primer esposo, Egilona comprende que el destino la ha puesto en una situación extremadamente difícil, tanto desde la perspectiva moral como legal. De repente, la reina descubre que está casada con dos hombres al mismo tiempo. El hecho de haber mantenido su "virtud," es decir, no haber consumado el segundo matrimonio, le permite volver a su primer y legítimo esposo, tanto más que la actitud de Rodrigo no es la de un hombre ofendido que busca venganza. El rey la perdona aun cuando supone que ella había sido forzada en matrimonio por el emir y probablemente abusada físicamente. No deja ni siquiera que Egilona termine sus explicaciones y está pronto a justificarla:

¡Lo sé! Víctima fuiste
de un tirano feroz, que atropellando
tu decoro real… (Gómez de Avellaneda 168).

La dramaturga construye una imagen idealizada del rey visigodo, presentándolo como un hombre compasivo y magnánimo, honesto y virtuoso, que se arrepiente de los errores que ha cometido en el pasado. En sus acciones se guía por el principio de la virtud. Así, se niega a aceptar la oportunidad de asesinar a Abdalasis que le ofrece Caleb, e incluso llega a socorrer a su rival árabe en medio del combate que se desencadena al final de la obra.

Cuando Abdalasis, enfurecido por los celos al verla cerca de su primer esposo, se abalanza sobre éste con la espada, Egilona se pone entre los dos y declara estar dispuesta a morir junto al rey visigodo. En este momento se revela el poder de la reina sobre Abdalasis, pero a diferencia de las obras dramáticas escritas por Trigueros, Valladares de Sotomayor y Vargas Ponce, en el drama trágico de Gómez de Avellaneda el personaje del emir cede ante Egilona sin perder su dignidad ni humillarse. Abdalasis acepta la decisión de la reina de seguir al rey Rodrigo, porque en su conducta se guia por la virtud y los principios morales. Incluso, le entrega a Rodrigo su espada para que éste pueda defender a la reina, lo cual puede interpretarse como un acto simbólico en el contexto de la ideología hegemónica de la Reconquista: el emir renuncia a la posesión de Egilona y, en su persona, a España. La generosidad de Abdalasis impresiona a Egilona, e inflama sus sentimientos amoroso. La reina cambia su decisión y en vez de seguir a Rodrigo expresa su voluntad de quedarse con el emir.

Emilio Cotarelo criticó una supuesta incongruencia en este desarrollo de los eventos, afirmando que lo lógico para la reina visigoda era seguir a Rodrigo por obligación y por orden de Abdalasis (68). Menéndez Pidal es de opinión contraria, y cómo destaca Mary Cruz, alaba la perspicacia de la autora en enfocar "la duplicación del amor" como epicentro sentimental del conflicto (Cruz 29). Cotarelo no reconoció el discurso subversivo de la autora, que ofrecía un subtexto de índole feminista y pretendía destacar la autonomía femenina y su posición de sujeto y agente libre frente a dos hombres que a lo largo de la pieza mantienen posturas dominantes. Egilona desafía el poder de ambos al tomar una decisión y luego cambiar de parecer. Trasciende la función secundaria que se le atribuye tradicionalmente a la mujer en el discurso romántico patriarcal y se eleva a la categoría de heroína trágica romántica.

Evelyn Picón Garfield sugiere que el conflicto interior de Egilona subvierte "el discurso hegemónico, patriótico y patriarcal, de la leyenda sobre don Rodrigo" en la escena en que éste perdona a su esposa en vez de tratar de lavar con sangre la ofensa a su honor (92). El comportamiento de Rodrigo es más que benévolo: rechaza el modelo de conducta patriarcal y acepta a Egilona en su calidad de sujeto, ya que no le parece importar la función tradicional de la mujer como un simple depósito de honor familiar. Nótese que Abdalasis manifiesta la misma actitud benévola y generosa al aceptar la decisión inicial de Egilona de permanecer junto al rey godo. El cambio de perspectiva sobre el papel social de la mujer incluye la aceptación y el reconocimiento de la agencia libre femenina por parte de los hombres. En el episodio en que Rodrigo y Abdalasis aceptan el derecho de Egilona de escoger a uno de los dos culmina la actitud subversiva ante la tradición del drama de honor que se esboza en las tragedias de Jovellanos y Quintana.

A diferencia de la tragedia *Pelayo* de Manuel J. Quintana, en la cual el conflicto gira en torno a una ofensa remediable al honor de hermano y príncipe, en el drama trágico *Egilona* se trata de una ofensa al honor de esposo y de rey, que es irremediable desde el punto de vista del código de honor tradicional y de la ley civil y religiosa. Evelyn Picón Garfield sugiere que el poder de la reina Egilona se manifiesta durante su metamorfosis "del objeto del placer de dos hombres en el sujeto de placer quien opta por suicidarse para gozar del amor eterno con el amante musulmán" (97).

A la hora de interpretar el suicidio de Egilona en este drama hay que considerar la tradición cultural del patriarcado, según la cual, en los casos de honor, el acto de tomar su propia vida por parte de los personajes femeninos no es subversivo sino aceptado y admirado; algo que evidencian, por ejemplo, las historias de Rosamunda, Lucrecia, Tulia y Safo (Sala Valldaura 204, 214, 417, 443). El ataque que emprende la protagonista de Gertrudis Gómez de Avellaneda contra los símbolos islámicos y su exclamación final sobre la futura victoria de los cristianos pone en peligro su integridad física y su vida. La reina se suicida en el momento en que los moros se lanzan sobre ella para castigarla. No se trata por lo tanto de un suicidio romántico, según sugería Picón Garfield, sino de un acto de valentía en una situación de guerra, que se realiza para evitar la captura o la muerte a manos de sus enemigos. Se trata de una actitud enraizada en la historia de España, de orígenes tan remotos como el mito de la resistencia numantina. Egilona maldice al grupo de moros, a quienes culpa del asesinato de su esposo, exclamando que les lega una maldición "con la mancha de la sangre […] de un héroe;" es decir, acepta la calidad heroica del personaje del emir (Gómez de Avellaneda 207). Las palabras que aluden a la unión póstuma con Abdalasis tienen que ver con la ideología de la victoria inmortal de la virtud y de la inocencia. La agencia libre y el poder de Egilona se legitiman en la escena final del drama con el pronunciamiento final de la reina, que, como señala Kurt Spang, está lleno de "patriotismo españolista" (201).

La actitud generosa y comprensiva de don Rodrigo y del emir Abdalasis constituye un ejemplo de conducta positiva y deseable desde el punto de vista de la autora, que juega con la expectativa de una solución tradicional por parte del espectador decimonónico. Entronca con la crítica dieciochesca de la ideología patriarcal, que se realiza, por ejemplo, en la ya mencnionada tragedia ilustrada *Solaya o los circasianos*, donde también hay un personaje musulmán virtuoso, un príncipe tártaro, enamorado de Solaya, la protagonista. Solaya es hija de una familia patricia de la ciudad, e igual que Egilona y Hormesinda, tiene mala conciencia porque ama al enemigo de su patria. El conflicto es similar, pero la solución es distinta, porque cuando Solaya informa a su familia que ama al tártaro y no va a renunciar a su amor, el hermano de la joven, Casiro, la acuchilla. Un aspecto sugerente en el contexto del tratamiento del conflicto entre el honor y el amor, es que los tártaros llegan para cobrar el tributo de guerra, que incluye a un grupo de doncellas escogidas entre las familias de la ciudad por sorteo. En principio, la familia de Solaya está dispuesta a entregarla como tributo. El conflicto surge sólo cuando sale a la luz el hecho de que ella decide unirse al príncipe musulmán por voluntad propia. Es precisamente ése el momento en que se activa el código de honor para Casiro, lo que lo impulsa a la violencia. Mientras la doncella es considerada como un objeto en la transacción de valores tangibles e intangibles, necesaria para asegurar la paz de la comunidad, su entrega como parte del tributo es aceptable. En cambio, cuando Solaya revela su voluntad y se transforma de un objeto en un sujeto con agencia libre, la entrega voluntaria al enemigo tártaro se considera ya como un crimen y una deshonra para la familia.

La crítica del código de honor y de los parámetros que definen la ofensa y el castigo, a los que José de Cadalso considera un impedimento al progreso de la España ilustrada, cobra peso en la tragedia con la reacción del senador circasiano Hadrio, el padre de Casiro y Solaya. El personaje condena las acciones de su hijo y se alinea con el pensamiento liberal ilustrado.

En la tragedia *Pelayo* de Manuel J. Quintana, la reacción del protagonista visigodo ante el amor de su hermana por el árabe Munuza es un paso en la misma dirección. Representa una actitud crítica ante la tradición del drama de honor áureo. Esta crítica culmina en el drama *Egilona* con la deconstrucción del modelo de la masculinidad patriarcal a través de la conducta de Rodrigo y Abdalasis. Se podría argumentar que el conflicto entre el rey visigodo y el emir árabe cabe dentro de la cultura patriarcal porque carga el cuerpo de Egilona de un valor objetivado, que se produce como explica Luce Irigaray, cuando hay una posibilidad de intercambio entre dos hombres (135). Pero la cosificación hegemónica de la reina se subvierte con la afirmación de su agencia libre. Esta se revela tanto en su funcionalidad como sujeto en el conflicto trágico capaz de influir y cambiar el comportamiento de sus dos esposos.

El conflicto de la pieza se construye de acuerdo con la ética moderna, pues como señala Martínez de la Rosa, "la lucha del hombre dentro del hombre mismo" resulta "más interesante que la del débil mortal con el inexorable Destino" (145). Al igual que María Gálvez —en *Zinda*, drama trágico en tres actos, y *Safo*, drama trágico en un acto— Avellaneda abandona la subdivisión clásica de la tragedia en cinco actos, pero a la vez trata de recuperar el pathos de la tragedia griega. En Egilona se recrea el sentido trágico del terrible conflicto interior de una mujer cuya mente y corazón están desgarradas por dos lealtades, por las emociones encontradas y por la conciencia de la imposibilidad de una solución plausible.

La reina visigoda toma conciencia de que tiene varias identidades. Por una parte, es ella la viuda del último rey visigodo y la última sobreviviente de la estirpe gobernante de la nación que se encuentra en ruinas. Por otra, es una soberana cristiana que quiere y debe velar por el bienestar de quienes sobrevivieron al desastre militar y a la conquista musulmana. Es también una mujer enamorada, esposa del caudillo militar y jefe político del Emirato musulmán erigido sobre las cenizas de su patria. Por último, es una esposa que por desconocimiento ha cometido un delito civil y religioso al contraer segundas nupcias estando vivo su primer marido. La heroína está atormentada por el conflicto interno que emana de la imposibilidad de reconciliar estas identidades. Por una parte, ella quiere ser leal a sus sentimientos y a Abdalasis, y al mismo tiempo aspira a mantener la lealtad a su primer esposo.

Egilona se preocupa por ser una buena reina de un estado nuevo y quiere, a la vez, proteger y beneficiar a los súbditos del viejo reino visigodo. Su muerte se produce directamente como resultado de su actitud desafiante y heroica ante los musulmanes, pero tiene que ver también con la imposibilidad de reconciliar los roles de esposa leal a Rodrigo y de esposa enamorada de Abdalasis. Es decir, lo que condiciona la catástrofe es la incompatibilidad intrínseca entre las posiciones que se encuentran en conflicto. Gómez de Avellaneda sugiere que las dos lealtades de la reina son justificables, lo cual proyecta el conflicto trágico en una dimensión hegeliana. El criterio valorativo es la virtud humana como la fuente que condiciona y posibilita el amor. El hecho de que tanto Abdalasis como Rodrigo se comporten de modo generoso complica la situación para Egilona: la dicotomía maniquea tradicional entre el héroe visigodo y un árabe malvado ya no es operativa aquí. El gobernador musulmán exhibe atributos de un hombre ilustrado: es capaz de tomar decisiones altruistas, sigue el llamado de la virtud, manifiesta una tolerancia religiosa que raya en el panteísmo y se guía por los principios de justicia y compasión. Es significativo en este contexto que cuando la protagonista del drama *Egilona* se siente en la necesidad de justificar su amor ante su propia conciencia y ante los demás, insta a Abdalasis a demostrar su amor con acciones generosas:

> Para que pueda sin rubor, ufana,
> esposa tuya confesarme al orbe,

> haz que bendigan tus virtudes altas
> los que lamentan tus sangrientos triunfos
> Justifica mi amor: mi gloria labra
> Con generosos hechos; y tu dicha
> Merece, emir, haciendo la de España. (89)

Conviene subrayar que el drama manifiesta una relación compleja con el discurso hegemónico, ya que lo sigue en algunos aspectos y lo subvierte en otros. El drama de Gertrudis Gómez de Avellaneda lleva la carga de la configuración negativa del Islam y de los árabes, enraizada en el conflicto cristiano-musulmán, que se confirma con los parlamentos de Egilona y Rodrigo, respectivamente:

> Es él
>   Del Califa apoyo;
> orgullo de la gente musulmana;
> firme sostén del Alcorán impío (80)

> …¡Raza funesta!
> ¡Pérfida raza de la Arabia fruto!
> Almas sin compasión, áridas, secas
> que el mismo amor fertilizar no puede; (141-142)

> …Nunca
> impunemente el árabe inhumano
> hollará torpe la virtud (164)

La imagen negativa de los moros como enemigos no es gratuita, sino que funciona como intensificador del conflicto interior de la protagonista. Sin embargo, si bien Gertrudis Gómez de Avellaneda participa de la visión hegemónica del Otro y adopta su modelo de caracterización al referirse a los personajes árabes como grupo, en el caso de Abdalasis se desvía del estereotipo islamofóbico. Es posible que se trate de los ecos de una visión alternativa de la imagen de los moros, que se origina en el siglo XVI y luego reaparece en algunos textos del siglo XVIII en el contexto de la modernización ilustrada de España (Torrecilla 351-52). Aun cuando dicha visión no llega a tener un papel dominante en la memoria colectiva y los dramaturgos neoclásicos no se adscriben a ella por regla general, hay algunos atisbos que demuestran su influencia en las tragedias neoclásicas anteriores al drama trágico *Egilona*. Por ejemplo, en *Hormesinda* de Fernández de Moratín, don Pelayo advierte a Ferrandez:

> No equivoques
> Las cosas malicioso: no los ritos,
> no la contraria Religión al hombre
> con el Otro hombre a ser infiel obliga,
> ni impide que la ley cada cual siga,
> que halló en su educación o su destino
> (arcano que venero y no examino)
> para que el pecho, a quien razón gobierna,
> sensible a la amistad, al fin humano
> corresponda, a pesar del dogma vano.
> (10)

Claro está que tal actitud no perdura y, más adelante, el Pelayo de Moratín va a descubrir que estaba equivocado al pensar de este modo.

El protagonista de la tragedia de Quintana también afirma que se ha engañado al darle fe a la fama de Munuza como un hombre virtuoso, a pesar de su "secta" y de su "sangre" (41). El personaje de Munuza en la tragedia de Quintana es caracterizado como un hombre que no tiene compasión: es "Violento, / Implacable y feroz," y "si es generoso / en la prosperidad, lo es por desprecio, / por arrogancia" (21). Audalla, al ver a Munuza clamar por la sangre de Hormesinda en un momento de rabia, lo alaba trayendo a colación la imagen modélica de un "firme musulmán," para quien no hay "lugar a la piedad" (Quintana 70-71). Cuando Hormesinda habla de su esposo delante de Alvida no menciona sus virtudes, sino que simplemente expresa la esperanza de que el hombre no esté desprovisto de sentido de humanidad:

> Escucha, no a mi esposo
> Vida dio un tigre en sus entrañas,
> Ni las sierpes de Libia sustentaron
> con ponzoña y rencor su tierna infancia.
> De hombres nació, y es hombre; y pues que ha sido ya
> sensible al amor, también entrada
> dará en su pecho a la piedad. (Quintana 39)

La actitud de Munuza en las últimas escenas de la tragedia de Quintana sirve para confirmar simbólicamente la construcción negativa de los musulmanes, entre quienes no hay un solo personaje positivo. En *Egilona* la situación cambia, porque el criterio para la configuración de los personajes es la virtud. El personaje de Caleb, por ejemplo, exhibe una conducta indigna y se mueve motivado por las bajas pasiones, y por tanto se le representa como un personaje negativo. Pero Habib, el lugarteniente del emir, actúa con rectitud e integridad, y aunque tiene una función antagónica, es caracterizado desde una perspectiva neutral. Su configuración contrasta positiva- mente con la de Caleb.

La perspectiva tradicional del discurso hegemónico se reafirma en los últimos versos que pronuncia la protagonista.

Su pronóstico futuro respecto al imperio español y a la libertad de sus habitantes recuerdan el último parlamento de don Pelayo de la tragedia de Manuel J. Quintana. Además de anunciar la futura victoria de los cristianos, la reina demuestra valor, determinación y actitud combativa cuando humilla los símbolos del poder árabe en Hispania. Nótese que la protagonista está hablando de la lucha contra los moros a partir de la conciencia de una memoria histórica. Se inscribe en el discurso hegemónico al subrayar que la victoria cristiana pondrá fin a su dominio:

> Mil héroes brotarán doquier la tierra
> que fertiliza el ominoso riego,
> y en las alas del tiempo se aproxima
> la libertad del español imperio.
> ¡El estandarte de delito y muerte
> (arranca el estandarte del pedestal,
> y arrojándolo roto pone sobre él la planta)
> que yo destrozo y a mis plantas huello,
> con la memoria del dominio infando,
> roto y sin gloria heredará el infierno,
> al tremolar de Cristo los pendones
> de uno al otro confín del suelo ibero!
> (Gómez de Avellaneda 206)

En este acto performativo de Egilona, enunciado con los verbos "destrozo" y "huello", culmina toda la actividad de rechazo al Otro codificada en la actitud de las protagonistas femeninas del discurso de la Reconquista, y tiene, a pesar de su formato trágico, una proyección optimista y patriótica. La imagen de Abdalasis simboliza al hombre ilustrado que se guía por principios universales. A diferencia de Munuza, Abdalasis prefiere el culto a la virtud y no a la religión, lo cual lo eleva en los ojos de Egilona. Gertrudis Gómez de Avellaneda toma como punto de partida la posición ideológica del discurso hegemónico, pero manifiesta una actitud subversiva al mostrar que el protagonista árabe se eleva en la jerarquía espiritual por no ser un fanático religioso. Esto se revela cuando el emir decide liberar a Rodrigo, a quien antes había encarcelado. El rey visigodo cree que está a punto de morir y le pregunta a Abdalasis si éste lo prepara para ser una víctima sacrificial ante el altar de su "falso Dios" (Gómez de Avellaneda 195). A lo que Abdalasis responde que adora a un Dios "sin nombre ni figura, mas fuerte, sabio, poderoso, inmenso, que no reclama de los hombres culto, ni altar exige, ni demanda templo":

> El Dios, cristiano, que mi pecho adora,
> es aquel Dios cuyo poder supremo
> publican por doquier, de un polo al otro,
> los astros del sublime firmamento.
> [...] Sus aras son los puros corazones;
> para santuario tiene al universo;
> y las ofrendas que al mortal le pide
> virtudes son y generosos hechos.
> Aquí y en todas partes yo le miro
> aquí y en todas partes le venero,
> y hoy más que nunca a su eternal justicia
> el homenaje que le agrada ofrezco.
> (Gómez de Avellaneda 195)

Rodrigo confiesa sentirse seducido por la grandeza espiritual del caudillo árabe, manifiesta su perplejidad y admiración ante su actitud tan generosa y no sólo acepta la virtud y el valor de Abdalasis, sino que sugiere que éste merece ser rey por sus cualidades personales:

> Rodrigo: ¡Musulmán! Yo mismo
> el justo elogio, que demandas franco,
> aquí y en todas partes te concedo.
> [...]
> es superior al mío tu derecho,
> y católico, godo, destronado
> y rival tuyo, en fin, no me avergüenzo
> de confesar que <u>tu virtud te hace
> digno monarca del hispano pueblo</u>
> (Gómez de Avellaneda 199; el subrayado es mío)

Gómez de Avellaneda, con este parlamento, se desvía de la perspectiva del discurso hegemónico porque vincula el derecho de reinar con las cualidades espirituales del individuo, sin importar que se trate de la figura del "enemigo" de España. Pero, por otra parte, se trata de un individuo que se proyecta fuera del contexto de la conquista árabe y que se encuentra separado de la comunidad a la que representa. Es un personaje virtuoso emparentado con otras figuras de la ficción de Gómez de Avellaneda, marginadas por no ser compatibles con la sociedad en la que viven. Dentro del contexto ideológico de su época, el comportamiento de Abdalasis, influenciado, sin duda alguna, por los vientos de la Ilustración, no sólo justifica el amor que Egilona siente por él, sino también su decisión de volver a su lado en un momento de sumo peligro para la vida de ambos. No sólo Rodrigo y Egilona, sino también los godos liberados reconocen sus altas cualidades humanas cuando le estrechan la mano alabando su insuperable magnanimidad. El hecho de que lo llamen "musulmán invicto" (Gómez de Avellaneda 200) subraya la distancia entre el tratamiento de la identidad de grupo de los musulmanes, influenciado por el discurso hegemónico, y de la identidad individual del emir, que se encuentra fuera del contexto retórico e ideológico del discurso sobre la pérdida y recuperación de España. Si el romanticismo, según suele decirse, es una manifestación de la desilusión por el fracaso de la Ilustración (Shaw 14), esta obra es una prueba de que Gómez de Avellaneda no claudica ante el desaliento del mundo post-ilustrado de héroes que se sienten abandonados por el mundo y por la providencia divina. En *Egilona* se afirma el valor de la virtud y de la fe en el futuro. La autora sugiere un paralelo entre la imagen de la mujer marginalizada por la jerarquía social del patriarcado y la figura del protagonista árabe, marginado por el discurso de la Reconquista, así como por la intolerancia de sus correligionarios. Desde una perspectiva ilustrada y romántica, Abdalasis, igual que Sab, el personaje de la novela homónima de la escritora cubana, emblematiza la importancia del valor intrínseco del individuo, fundado principalmente en sus cualidades humanas y no en su clasificación en base a su identidad de raza, género, o religión.[3]

---

[3] La presente introducción es una versión ampliada y redactada del texto que aparece como parte de la "Introducción" en el libro de Alexander Selimov, *Derroteros de la memoria*.

Obras citadas

Aguilar Piñal, F. (1987). *Un escritor ilustrado, Cándido María Trigueros,* Consejo Superior de Investigaciones Científicas, Instituto de Filología.

Albarrán Iruela, J. (2013). *Dos crónicas mozárabes, fuentes para el estudio de la conquista de al-Ándalus.*

Alfonso X, E. S. (1906). *Primera crónica general de España que mandó componer Alfonso el Sabio y se continuaba bajo Sancho IV en 1289,* Bailly-Bailliere é hijos.

Anónimo, C. (2010). "Crónica mozárabe del 754." Al Qantir: Monografías y documentos sobre la historia de Tarifa(10): 1.

Anderson, B. (2006). *Imagined Communities: Reflections on the Origin and Spread of Nationalism,* Verso.

Aranzadi, J. (2000). *Milenarismo Vasco: Edad de Oro, Etnia y Nativismo,* Madrid: Fundación Universitaria Española.

Argaya Roca, M. (2006). *La España por venir: una interpretación histórica de España,* Editorial Visión Libros.

Aristóteles (1798) *El arte poética.* Madrid: Imprenta de Don Benito Cano.

Atienza, Belén (2009). El loco en el espejo. Locura y melancolía en la España de
Lope de Vega. Amsterdam: Rodopi.

Ballesteros Beretta, A. (1920). Historia de España y su influencia en la historia universal, P. Salvat.

Blázquez Rodrigo, M. (1995). La gatomaquia de Lope de Vega, Consejo Superior de Investigaciones Científicas.

Castro, A. (1985). *The Spaniards: An Introduction to Their History,* University of California Press.

Corral, Pedro de (2001): *Crónica del rey don Rodrigo: crónica sarracina.* Madrid,
Castalia.

Cortés, Manuel (1840): *Abdalasis: tragedia en cinco actos y en verso.* Madrid, Miguel de Burgos.

Cotarelo y Mori, E. (1930). *La Avellaneda y sus obras*. Madrid, Tip. de Archivos.

Cravioto, E. G. (2011). "El Comes Iulianus (Conde Julián de Ceuta), entre la historia y la literatura." Al Qantir(11): 3-35.

Cruz, Mary (1984) "Introducción." En *Tragedias*. Gómez de Avellaneda, Gertrudis . ed . Mary Cruz . 1 ed . (Bibl . básica de literatura cubana) La Habana.

Delpy, Maria Silvia S. (2000). «La leyenda del infante García y las modificaciones del discurso historiográfico». *Actas del XIII Congreso de la Asociación Internacional de hispanistas*: Madrid, 6-11 de julio de 1998, Fundación Duques de Soria.

Drayson, Elizabeth (2007): *The King and the Whore: King Roderick and La Cava.*

New York: Palgrave Macmillan.

—(2014): *Reinventing the Legend of King Roderick: Gertrudis G mez de Avellaneda's Egilona* . En Romance Studies 32 (4): 259-268.

Fernández Amador, J. (1903). *Los origines de la nacionalidad española y su cultura.*

Fernández de Moratín, N. (1770). Tragedia. *La Hormesinda*. En cinco actos y en verso, corregida y enmendada en esta segunda impresion.

Gálvez, María (1804). *Obras poéticas de María Rosa Gálvez de Cabrera*. Madrid:

Imprenta Real.-

García, Maria del Rosario (2007): Identidad y minorías musulmanas en Colombia.

Bogotá: Editorial Universidad del Rosario.

Gebhardt, Victor (1862): Historia general de Espa a y de sus Indias. Barcelona:

Imprenta de Luis Tasso.

Gerli, E. Michael (2013): "Abd al-Aziz ibn Musa." En: Gerli Michael (ed.):

Medieval Iberia: an encyclopedia. New York: Routledge, 2-3.

Grieve, P. (2009). *The Eve of Spain: Myths of Origins in the History of Christian, Muslim, and Jewish Conflict*, Johns Hopkins University Press.

Harter, Hugh A. *Gertrudis Gómez de Avellaneda*. Boston : Twayne Publishers, 1981.

Hernández Juberías, Julia (1996): La pen nsula imaginaria: mitos y leyendas
sobre Al-Andalus. Madrid: Consejo Superior de Investigaciones Cient ficas.

Irigaray, Luce. (2009) *Ese sexo que no es uno*. Madrid Ediciones Akal.

Jiménez de Rada, Rodrigo (1989): *Historia de los hechos de España*. Madrid:
Alianza Editorial.

Lafuente y Zamolloa, M. (1887). *Historia general de España desde los tiempos primitivos hasta la muerte de Fernando VII*, Montaner y Simón.

Lope, H. J. (1996): Jovellanos und der Mythos von Covadonga. Bemerkungen
zu La muerte de Munuza (1769-1772) . En Spanische Literatur. Literatur

Europas. Tübingen: Max Niemeyer, 337-350.Meky, Mariam Mahmood Aly (2006): *El Conde Don Julián, evolución de un mito. Tesis*. Madrid: Universidad Complutense.

Martínez de la Rosa, F. (1838). "Del influjo de la religión cristiana en la literatura." *Revista de Madrid* (v. 1-3).

Menéndez y Pelayo, M. (1897). «Observaciones Preliminares». Obras de Lope de Vega: Crónicas y leyendas dramáticas de España, Publicadas por la Real Academia Española establecimiento tip. Sucesores de Rivadeneyra. v.6.

-- (1905). *Orígenes de la novela: Introducción; tratado histórico sobre la primitiva novela española*, Bailly-Ballière é hijos.

--(2014). *Historia de los heterodoxos españoles*. Libro I, Linkgua.

Menéndez Pidal, R. (1924). El rey Rodrigo en la literatura, Tip. de la Revista de archivos, bibliotecas y museos.

-- (1926): Floresta de Leyendas Heróicas Españolas: Rodrigo, el último godo, (vol. 2) Madrid, Ediciones de La Lectura.
-- (1928): Floresta de Leyendas Heróicas Españolas: Rodrigo, el último godo. (vol. 3) Madrid, Ediciones de La Lectura.
-- (1973). Floresta de leyendas heroicas españolas: Rodrigo, el último godo, Espasa-Calpe.

Mirrer, L. (1996). *Women, Jews, and Muslims in the Texts of Reconquest Castile*. University of Michigan Press.

Montiano y Luyando, Agustín (1753). *Discurso sobre las tragedias españolas*. Imprenta del mercurio.

Moi, Toril (1988): Teoría literaria feminista. Madrid: Cátedra.

Niehoff McCrary, S. (1987). El Ultimo Godo' and the Dynamics of the Urdrama, Scripta Humanistica.

Orlandis, José. *Sobre los orígenes de la nación española*. 1957.

Polt, John H (1971): Gaspar Melchor de Jovellanos. New York: Twayne Publishers, Inc.

Pérez Garzón, J. (2000). *La gestión de la memoria: la historia de España al servicio del poder*, Crítica.

Picon Garfield, E. (1993): *Poder y sexualidad: el discurso de Gertrudis Gómez
de Avellaneda*. Amsterdam: Rodopi.

Quintana, Manuel José (2021). *Pelayo, tragedia en cinco actos*. Ed. Alexander Selimov, Hockessin: Ibero-American Literary society.

Ratcliffe, Marjorie (2011): Mujeres épicas españolas: silencios, olvidos e ideologías.
Woodbridge: Tamesis.

Ríos Saloma, M. (2011). *La Reconquista: una construcción historiográfica (siglos XVI-XIX)*, Marcial Pons Historia.

Rodríguez Sánchez, Tomás (1994). *Catalogo de dramaturgos españoles del Siglo XIX*. Madrid, Fundación Universitaria española.

Ryjik, Veronika (2011): Lope de Vega en la invenci n de Espa a: el drama histórico
y la formación de la conciencia nacional. Woodbridge: Tamesis.

Sala-Valldaura, Josep (2005): De amor y política: la tragedia neoclásica española.
Madrid: Consejo Superior de Investigaciones Cient ficas.
Selimov, Alexander (2018). *Derroteros de la Memoria. Pelayo y Egilona en el teatro ilustrado y romántico.*
Shaw, Donald. L (1986). "Introducción" en Duque de Rivas, Angel Saavedra. *Don Álvaro o la fuerza del sino.* Madrid: Castalia, 9-56.
Solis, A. d. (1754). *El Pelayo: poema*, la imprenta de Antonio Marin.
Spang, Kurt (1998) *El drama histórico. Teoría y comentarios.* Pamplona: Eunsa.
Torrecilla, Jesús (2008). *Guerras literarias del xviii español. La modernidad como invasión.* Salamanca: Ediciones Universidad de Salamanca.
— (2017):   Ilustrados y musulmanes: usos de al-Andalus en el xviii español.
En e*Humanista: Journal of Iberian Studies,* 37: 342-356
Trigueros, C. M. (2005). *Egilona:* Tragedia (1768). Bologna, Panozzo.
Valladares de Sotomayor, A. (1819). *La Egilona, viuda del Rey Don Rodrigo: en tres actos.* Barcelona, Francisco Piferrer.
Valverde, María del Rosario. (2003) "La reina viuda en el derecho visigodo: religionis habitum adsumat." *Anuario de historia del derecho español,* 389-406.
Vargas y Ponce, J. (1804). *Abdalaziz y Egilona,* la viuda de Ibarra.
Vega, L. d. (1897). *Obras de Lope de Vega,* Establecimiento tipográfico "Sucesores de Rivadeneyra".
Zorrilla, José. (1843). *El puñal del godo, drama en un acto.* Madrid, Repullés.
Williams, Edwin (1924): *The Life and Dramatic Works of Gertudis Gómez de Avellaneda.* Philadelphia: University of Pennsylvania.

Para la preparación del texto de *Egilona* de Gertrudis Gómez de Avellaneda partimos de la versión impresa en 1845 por José Repullés. Se ha modernizado la ortografía y algunos arcaísmos, siempre que no afecten la versificación

A LA APRECIABLE ACTRIZ

Sra., doña Bárbara Lamadrid de Salas[4]

A usted ofrezco, amable Barbarita, esta última producción de un talento pobre y debilitado por la enojosa y tenaz enfermedad que hace algún tiempo ataca mis nervios y mi cerebro.

La desconfianza que me caracteriza, aumentada par tales antecedentes, me retraería sin duda de hacer a usted esta leve demostración de mi grande afecto, si la circunstancia de haber sido escrita *Egilona* a petición de usted y para la función dedicada a su beneficio, no me hiciese mirar casi como un deber el consagrársela completamente.

El talento de usted, que tanto contribuyó al dichoso éxito, que obtuvo ha poco tiempo mi *Príncipe de Viana*,[5] es lo que me alienta a esperar un favorable resultado de la ejecución de este nuevo ensayo dramático, que con no poco temor voy a someter al inapelable fallo del público.

Cualquiera que este sea, a usted dedico aquel, a usted se lo recomiendo, y usted se servirá aceptarlo coma expresión mezquina, pero sincera, de la afectuosa amistad que le profesa.

Gertrudis Gómez de Avellaneda

---

[4] Bárbara Lamadrid (Bárbara Herbella, 1812-1893), nació en Sevilla. Empezó la carrera de actriz en Andalucía. Desde el año 1833 se muda a Madrid y trabaja en el Teatro del Príncipe y en el Teatro de la Cruz. Adquirió fama por su actuación estelar en las representaciones de *La huérfana de Bruselas, María Estuardo, El trovador* y *Don Juan Tenorio,* entre muchas otras.

[5] Drama trágico en cuatro actos y en verso, publicado en 1844 con una dedicatoria a Manuel José Quintana.

PERSONAJES

EGILONA

ABDALASIS

RODRIGO

CALEB

HABIB

ERMESENDA

ZEYAD

GODO 1

GODO 2

UN PAJE ÁRABE

GUARDIA DE ABDALASIS

PUEBLO

GUERREROS MUSULMANES

ACTO PRIMERO

El teatro representa un dilatado y pintoresco jardín del palacio del emir Abdalasis, situado a la inmediación de Sevilla. Al fondo, o donde convenga, se verá un costado del palacio, que estará iluminado como para una fiesta. Caleb aparece reclinado en un banco de césped, fijos sus ojos en el alcázar. Es una hora avanzada de la noche, y a fines del acto comienza a amanecer.

ESCENA I

Caleb, solo.

CALEB

¡Todo es placer allí! ¡Todo alegría,
para quien ve su dicha coronada!
Del aparente júbilo el bullicio,
el resplandor de las brillantes hachas,
que privan a la noche silenciosa
de sus tinieblas y profunda calma...
¡Todo al amante venturoso adula,
y todo irrita mis furiosas ansias!
Siempre, sin merecerlo, fue conmigo
de sus favores la fortuna avara,
y pródiga la vi con Abdalasis.
¡Oh funesto mortal! ¡En hora aciaga
a tu padre y a ti llevó la suerte
a pisar las arenas mauritanas,
para que fuese tu primer trofeo

la esclavitud de mi infelice Patria![6]
Vila sumisa bendecir tu yugo,
y la mano besar que la ahogaba;
y yo mismo, ¡oh baldón!, por tus halagos
seducido también, mi altiva raza
desmintiendo cobarde, tus caprichos
como ley acaté, seguí tus armas,
y derramé mi sangre para verte
dominador de la soberbia España.[7]
Pero tu gloria y la vergüenza mía
no de los hados la injusticia aplaca:
era preciso que en mi pecho ardieran
de frenético amor voraces llamas,
y que viesen mis ojos en tus brazos
a la beldad que el corazón me abrasa.
¡Esposo de Egilona...! ¡Cuántas dichas

(con amarga ironía)

le debo a tu amistad...! ¡Cuánto me halagan
tus grandes beneficios...! ¡Sí! Me has hecho
único jefe de tu digna guardia,
y así consigo la delicia suma
de velar a las puertas de tu alcázar,
mientras que tú celebras con orgullo
tu dulce unión con la feliz cristiana.
¡Agradecido soy...! ¡Tranquilo puedes
en mi cariño descansar...! ¡Oh rabia!

---

[6] La patria para Caleb es la región magrebí del norte de África. La conquista árabe de dicho territorio comenzó a mediados del siglo VII y concluyó durante el reinado del califa Al-Walid en el año 707. Abu Abd ar-Rahman Musa ibn Nusayr ibn Abd ar-Rahman Zayd al-Lajmi, conocido en España simplemente como Musa o Muza, fue nominado el gobernador del Norte de África en 689 y encargado de aplastar la rebelión bereber.

[7] A pesar de que los bereberes formaron una parte considerable del ejército árabe, y participaron activamente en la conquista de la península ibérica, la tensión entre ambos grupos persistió y causó varios enfrentamientos armados.

¿Impunemente abrasarás la sangre
de un Bereber feroz...?

(Se levanta agitado)

 Oigo pisadas:
alguien se acerca... ¡Cielos! ¡Egilona!
¡La sangre siento cual hirviente lava
por mis venas correr...! Debo alejarme;
que si aquí solo sus divinas gracias
contemplarán mis ojos, ¡en delirio
pudiera..., ¡sí!, pudiera asesinarla

(Vase.)

ESCENA II

Egilona, y en pos suya Ermesenda.

ERMESENDA

¿Por qué, Egilona, del palacio huyendo,
que tu amable presencia hermoseaba,
a este recinto solitario corres,
triste arrastrando las nupciales galas
¿Qué causa te acongoja...?

EGILONA

¡Oh Ermesenda!

ERMESENDA

Vuelve, te lo suplico, amiga cara,
vuelve a adornar con tu beldad divina
del venturoso emir la regia estancia.
Ya sus amigos, que tu ausencia notan,
tal vez murmuren con malicia cauta,
y con tierna inquietud tu amante esposo...

EGILONA

(Interrumpiéndola.)

¡Mi esposo has dicho...! ¡Oh Ermesenda! ¡Calla!
No ese nombre pronuncies..., ¡mas es cierto!
¡Es mi esposo el emir...! Ante las aras
el juramento articulé solemne
que para siempre a la coyunda me ata.

ERMESENDA

¿Y lloras al decirlo? ¿Y se sofoca
la temblorosa voz en tu garganta?
¡Qué arcano encierra tu dolor extraño?
Cuando te enlaza con cadena blanda
a tu Abdalasis próspero himeneo;
en medio de las fiestas consagradas
a la solemnidad del fausto yugo,
¿qué inconcebible pena así te asalta?
¿Qué origen tiene tu incesante lloro?
Explícate, por Dios.

EGILONA

¡Soy desgraciada!
¿Qué más puedo decirte, tierna amiga?
Respeta por piedad mi suerte amarga.

ERMESENDA

Atónita me dejas: ¡oh Egilona!
Di a tu Ermesenda la verdad: si grata
la constancia te fue de aquel cariño
que nos ligó desde la tierna infancia,
hoy en su nombre te suplico vuelvas
a aquella dulce, antigua confianza,
que así el pesar como el placer de una
hizo común en corazón de entrambas.
No tu silencio a presumir me obligue
que al más rendido amor eres ingrata;
que insensible contemplas las virtudes
del que es tu esposo ya; que no le amas.

EGILONA

Hoy en el sacro altar nuestros destinos
para siempre se unieron: ¿y no basta
que le empeñe mi fe...? ¿También me acusan
de insensible, gran Dios...? ¿Qué más demanda
Abdalasis de mí?

ERMESENDA

  La amistad sola
es quien demanda por mi voz le abras
con franqueza tu pecho. ¿Por desdicha
te es odioso el emir?

EGILONA

  ¡Odioso...! Tanta
nobleza y dignidad, tanto cariño
nunca inspiraron odio, ni en el alma
de la triste Egilona hallar pudiera
tan indigna pasión fácil entrada.
¡Amo a Abdalasis! ¡Sí! ¡Le adoro, amiga!
Y en vano ya mi labio lo callara,
pues harto a mi pesar lo está diciendo
este rubor que mi semblante baña.

ERMESENDA

¡Rubor dices...! ¿Por qué, si es Abdalasis
digno de tu afición...? Doquier la fama
lleva su nombre y su valor publica;
doquier su gloria y su virtud se ensalzan.

EGILONA

¡Gloria y virtud que causan mi vergüenza!
¡Gloria y virtud funestas a mi Patria!

ERMESENDA

Es Abdalasis...

EGILONA

Del Califa apoyo;
orgullo de la gente musulmana;
firme sostén del Alcorán impío...,
es quien a Iberia sujetó a sus plantas,[8]
y con arroyos de cristiana sangre
regó los lauros que en su sien se enlazan.[9]

ERMESENDA

En él son ésos...

EGILONA

   títulos de gloria,
timbres de honor..., mas para mí de infamia.
Lo que enaltece de su nombre el brillo
es borrón negro que mi lustre empaña.
¡Oh, no me obligues a expresar conceptos
que al salir de mis labios los abrasan:
no me obligues, ¡cruel!, a recordarte
quién poseyó la mano desdichada

---

[8] En el año 711, Tariq, el lugarteniente del gobernador árabe del norte de África, Musa Ibn Nusayr, cruzó el Gibraltar con 9000 mil hombres y derrotó al ejército godo de Rodrigo. Luego avanzó rápidamente hasta Toledo. En 710 impresionado por el éxito de Tariq, el propio Musa con 18,000 guerreros llega a la península (Chejne, 19-20). Según las fuentes históricas el hijo del último, 'Abd-al-Aziz, no fue una figura central en la conquista. Gómez de Avellaneda atribuye a Abdalasis un papel mayor en la conquista de la península ibérica para intensificar el conflicto interior de Egilona.

[9] Según el historiador Lévi-Provençal, los cristianos y los judíos podían seguir observando su religión y sus costumbres libremente en el territorio conquistado por los musulmanes (32). Luis Viardot sugiere que los cristianos fueron menos tolerantes que los árabes y exterminaron a los musulmanes cuando conquistaron nuevos territorios, como por ejemplo hizo Alfonso VI en Toledo en 1085, San Fernando en Córdova y Sevilla en 1236 y 1248. (209-210)

que hoy a un infiel abandoné, por premio
de aquesas glorias a mi Patria aciagas.[10]
¡Y extrañas mi rubor? ¿Y me preguntas
de mis tormentos la secreta causa...?
¡Tal vez hoy mismo el turbio Guadalete.[11]
la sangre goda en su corriente arrastra;
acaso aún los huesos de Rodrigo
en sus orillas insepultos yazgan;[12]
cuando su viuda ante el infame yugo
de un criminal amor la frente baja,
y al enemigo de su ley y pueblo
se estrecha ansiosa con unión nefanda!

ERMESENDA

Tan tristes pensamientos...

EGILONA

  Me persiguen
por todas partes con tenaz constancia;
que inexorable la conciencia inquieta
jamás su grito vengador acalla.
Anoche mismo..., ¡oh Ermesenda!, anoche,
víspera triste de mi boda infausta,
cuando un momento reposé, rendida
tras de vigilia fatigosa y larga,
una horrible visión turbó mi sueño,
que ahora despierta a mi pesar me espanta.

---

[10] Egilona se refiere a su primer esposo, Rodrigo, el último rey de los godos en Iberia.

[11] Según el historiador Thomas Glick, la batalla que decidió el destino del reino godo no tuvo lugar cerca de Guadalete, sino más al sur cerca del Gibraltar, en la ribera del Guadarranque, aludiendo a la posible etimología árabe de este topónimo: "Wad al-Riq" - el río de Rodrigo (20).

[12] El rey Rodrigo desapareció luego de la batalla que puso fin a su reino, lo cual dio origen a varias leyendas y especulaciones respecto a su destino.

Súbito alzarse ante mis ojos miro
de Rodrigo la imagen indignada:
sin corona real la augusta frente,
pero ceñida con aureola santa
de grande desventura, nuevo brillo
ella le presta; majestad más alta;
cual si el bautismo de su sangre ilustre
borrado hubiese las antiguas manchas.
Fijos en mí los penetrantes ojos...,
¡aquellos ojos do la ardiente llama
de legítimo amor, mil y mil veces
cual esposa feliz contemplé ufana!
Con hondo acento y ademán terrible,
al compás de los hierros que arrastraban
en torno suyo míseros cautivos,
pronunció, bien me acuerdo, estas palabras
"De cien ciudades los escombros tristes
altar digno te ofrecen : ¡Ve, cristiana!
¡Ve, digna reina, de Rodrigo esposa!
Del infiel opresor que ya te aguarda
ve a recibir la fe: grata armonía
será en la fiesta religiosa y fausta
el áspero crujir de las cadenas
que el caro amante a tus vasallos labra.
No importa, no, que de tu esposo regio
se ignore aún la tumba solitaria:
no la hallarás; pero verás su sombra
seguir tus pasos a doquier que vayas,
y hasta en los brazos de tu nuevo esposo
turbar tu sueño, y recordar tu infamia.

ERMESENDA

Ese delirio tormentoso prueba
el pánico terror que te acobarda.
No es tu conciencia, no, la que te acusa;
es tu mente, Egilona, la que insana
en su febril agitación, produce
ridículos terrores y fantasmas.

¿Cuál es tu crimen, di? Del rey difunto
esposa fuiste cariñosa y casta,
y su voluble amor pagó tu pecho
con fe constante y con ternura rara.
Desde el momento en que la Patria nuestra
del agareno[13] fue mísera esclava,
y en las orillas del infausto río
que le dio sepultura en sus entrañas
de su grandeza el postrimer despojo
dejó en su manto el infeliz monarca,
con lloro amargo y oraciones pías
fue por tu afecto su memoria honrada.
¿Qué más le debes, desdichada viuda?
¿En qué a tu Patria ni a tu estirpe agravias
para adorar a un héroe? Si la suerte
a nuestra causa se mostró contraria,
y en la sangrienta lid, por nuestras culpas[14]
completo triunfo concedió a sus armas,
acuérdate también que sus victorias
jamás manchó con bárbaras venganzas
y que en el punto que partiendo Muza
 al ilustre Abdalasis fue fiada
la potestad de emir, su blando yugo
respirar deja a la afligida España,
siendo doquier su nombre bendecido.

EGILONA

De un pueblo esclavo condición tirana
es aquesta, ¡oh amiga! Si justicia
obtiene alguna vez, la juzga gracia;
y bendice la mano que le oprime
 si un breve instante respirar alcanza.

---

[13] Los árabes se consideran descendientes de Ismael, hijo de Abraham y Agar, de ahí el calificativo "agarenos".

[14] En varias fuentes literarias españolas la destrucción del reino godo se explica como castigo divino por las transgresiones del rey Rodrigo.

ERMESENDA

Injusta te contemplo con el héroe
en quien tus ojos cual tirano mandan.
Su mano por la tuya dirigida
mil beneficios próvida derrama
sobre el pueblo español, que fiel amigo
y no opresor le juzga: su alabanza
resuena por doquier. ¡Y tú le acusas,
y por amarle criminal te llamas!

EGILONA

Flaca y culpable soy, pues no he sabido
como reina morir.

ERMESENDA

Como cristiana
la desventura soportar debiste.
Tu vida, ¡oh Egilona!, demandaba
esta Patria que adoras, y el enlace
que juzgas tu baldón, es su esperanza.
Cuando a su trono te elevó Rodrigo
con inferior autoridad reinabas
que la que aquí gozaste prisionera,
y que con tu himeneo hoy afianzas.
Si; más que reina por tu pueblo hiciste
hora puedes hacer, y si no basta
el amor del emir a tu ventura,
en practicar el bien debes hallarla.
¿Y quién sabe, responde, si a la dulce
y elevada misión no estás llamada,
de someter el alma de tu esposo
del verdadero Dios a la ley santa?

EGILONA

Para engañar falaz a mi conciencia
mi propio corazón así me hablaba,
cuando el enlace consentí ominoso

que tarde ya mi voluntad rechaza.

ERMESENDA

Suspende tus acentos, que a este sitio
se dirige el emir.

EGILONA

Sepulte el alma
su agitación cruel, y no trasluzca
lo qué sufre mi pecho en mis miradas.

ESCENA III

Dichas. Abdalasis. Caleb

ABDALASIS

(A Caleb al entrar.)
¿Que ya vinieron los cautivos dices?

CALEB

Cerca de aquí tus órdenes aguardan.

ABDALASIS

Avisaré; retírate. (*Vase Caleb.*)
¡La veo!
Es ella: ¡sí! (*Acercándose.*)
¡Oh hermosa idolatrada!
¡Cuánto bendigo de tu corta ausencia
el pasado rigor! ¡Cuanto me halaga
en este sitio solitario hallarse,
y un breve instante, con pasión avara,
mirar tus ojos, escuchar tu acento,
y el aroma sentir que en turno exhala!

EGILONA

De aquel sarao el ruido jubiloso...

ABDALASIS

¡Di! ¡No es verdad que como a mí te cansa?
¿Que necesitas como yo, bien mío,
de importunos testigos apartada
contar tu dicha al estrellado cielo,
o en silencio escuchar las leves auras
que suspiros de amor blanda murmuran
acariciando a las floridas ramas?
¡Cuán venturosos si en la amena orilla,
que el Betis puro con sus ondas baña,
viéramos juntos deslizar las horas
cual sus corrientes límpidas y raudas...
¡Mas tú suspiras...! ¡Mis miradas huyen
tus bellos ojos que en la tierra clavas...!
¿De mi cariño la expresión te ofende?
¡Responde, por piedad!

EGILONA

Nunca tan grata
fue tu voz a mi oído, ni en mi pecho
igual placer vertieron tus palabras.
Pero ya en breve su luctuoso manto
recogerá la noche, y fatigada
de tanta agitación el alma mía
necesita reposo, y lo demanda
a tu ternura, a tu bondad. Permite
que algunas horas logre retirada...

ABDALASIS

¿Quieres dejarme?

EGILONA

Te suplico...

ABDALASIS

Nunca

suplicará Egilona. Ordena, manda
cual soberana en mí; mas si merece
mi tierna sumisión alguna gracia,
dígnate presentar en este sitio
un acto de piedad, que te consagra
mi ardiente gratitud. Llegó la hora
de terminar la fiesta: ya el alcázar
va quedando desierto; mas en breve
otra fiesta verá la luz del alba;
más solemne, mi bien, de ti más digna.

EGILONA

¡Otra fiesta, señor! Solemnizada
ha sido nuestra unión con regia pompa,
insultando tal vez penas amargas
que en torno nos circundan. No me es dado
olvidar que ceñidas de guirnaldas
por tus manos se ven las sienes mías,
mientras los godos sus cadenas cargan.

ABDALASIS

Libres fueron por mí cuantos cautivos
hizo la guerra cruda: tres se hallan
solamente en prisiones.

EGILONA

  ¡Oh infelices!

ABDALASIS

Mas esos son, ¡hermosa!, los que aguardan
un sólo acento de tu boca pura
para ver sus cadenas quebrantadas.
He aquí la fiesta augusta, deliciosa,
que hora mi voz con gozo te anunciaba
ese el acto solemne que aquí mismo
la aurora debe iluminar cercana.
Si a los tres presos que te anuncio llega

más que a los otros mi clemencia tarda,
consejo fue de la razón, bien mío,
y culpa de su error y de su audacia.
Los dos ingratos a mi padre fueron
por ellos su existencia vi amargada:
al otro, mal herido, moribundo,
destrozado el arnés, rota la espada,
de en medio de cadáveres sangrientos,
que alfombraban el campo de batalla,
arrancóle con brazo compasivo
un anciano guerrero: sus desgracias
procuró mitigar; templar sus penas;
mas nada consiguió, pues la arrogancia
del inflexible godo descubría
su altiva condición y su honda saña.
La prudencia de Muza mandó luego
que con prisión perpetua castigada
fuese tanta soberbia.

EGILONA

¡Atroz castigo!

ABDALASIS

Justa fue la sentencia, y revocarla
no debiera Abdalasis: mas, ¿pudiera
el mismo Muza condenar mi falta,
si aquesta falta mi adorada esposa
como prueba de amor acepta grata?

EGILONA

¿Conque libres serán?

ABDALASIS

Sí, dueña cara;
y porque nadie a tus piedades trabas
pueda oponer jamás, orne tu diestra

(le pone su anillo)
el áureo anillo que doquier se acata,
prenda de autoridad, de mando insignia:
de todo mi poder depositaria
te hago al cederte tan, preciosa joya.

EGILONA

Lágrimas dulces de placer derraman
mis ojos, Abdalasis, y en mi pecho
la gratitud tus beneficios graba. Y
yo los acepto, sí, con noble orgullo,
y serán para mí deuda sagrada:
mas no exijas te ruego que a esos godos
hoy me presente con nupciales galas.
Fui su reina, señor, y de Rodrigo
la desastrosa muerte, aún no probada,
reciente yace en la memoria suya.
Para que pueda sin rubor, ufana,
esposa tuya confesarme al orbe,
haz que bendigan tus virtudes altas
los que lamentan tus sangrientos triunfos.
Justifica mi amor: mi gloria labra
con generosos hechos; y tu dicha
merece, emir, haciendo la de España.

ABDALASIS

¡Yo te juro, sí!

EGILONA

¡Mi Dios te escucha

ABDALASIS

¡Y es el tuyo mi Dios! ¡Mía tu Patria!
(Se dirigen al palacio.)

ESCENA IV

Habib. Caleb.

HABIB

¡Mientes, mientes, Caleb! Torpe tu labio
calumnia a tu señor.

CALEB

Ojalá digno
fuese de tal baldón: que antes quisiera
de la calumnia el ejemplar castigo,
que escucharte, señor, cuando confieses
que acusando al emir, verdad he dicho.

HABIB

¿Posible fuera que el guerrero ilustre,
del califa sostén, del islamismo
glorioso defensor, por una esclava
hoy empañase de su gloria el brillo?
¿Posible fuera que cediendo insano
de una cristiana al infernal hechizo,
al rango de su esposa la elevara
el amigo de Habib, de Muza el hijo?

CALEB

Si en este alcázar penetrado hubieses,
tú mismo, noble Habib, le hubieras visto
solemnizar con fausto y pompa regia
el enlace fatal.

HABIB

(*Volviendo los ojos al alcázar donde aún brillan algunas luces.*)

¡Cielos, qué miro!

CALEB

Esas luces que aún brillan,
de la alegre fiesta que terminó fueron testigos;
y en todas partes hallarán tus ojos
del suntuoso festín nobles vestigios.

HABIB

En hora triste a tus umbrales llego,
desventurado emir. ¡Oh maldecido
el momento fatal en que dejando
de la Cantabria los nevados riscos,
corrí a Sevilla de abrazarte ansioso
maldiciendo lo largo del camino!
¡Fuesen mis ojos de la luz privados
antes que ver tu mengua, insano amigo!
¡Primero que escuchar tus desaciertos
ensordecer debieran mis oídos!

CALEB

¡Oh ¡Plugue al cielo que el funesto enlace
que motiva tu pena, sea el delito
único de Abdalasis: ¡que en su fama
ese solo borrón haya caído!

HABIB:

¿Qué quieres indicar?

CALEB

  Nada! Si osado
acusase al emir el labio mío,
otros tal vez sus hechos ensalzaran.

HABIB

Explícate, Caleb : habla : ¡te exijo!

CALEB

De Abdalasis, señor, los musulmanes
se quejan a una voz, mas su prestigio
es grande con los godos, y lo aumenta
con grandes y ostentosos beneficios.
Esposa llama a la española esclava;
las cadenas arranca a los cautivos;
y más que el Alcorán se reverencian
en su palacio los cristianos ritos.

HABIB

¡Caleb! ¿Qué dices?

CALEB

  Sus bondades pagan
los infieles, señor, con fiel cariño,
y en el esposo de su reina miran
un digno sucesor de don Rodrigo,
en cuya frente la corona goda...

HABIB

No digas más, Caleb; veneno activo
derraman en mi pecho tus palabras.
¿Mas puede en el emir hallar abrigo
tan infame traición? ¡Dios de Mahoma!
¿Tus santas leyes condenó al olvido
el hijo de aquel Muza, cuyo ejemplo
la senda le enseñó del heroísmo?

CALEB

Es, noble Habib, del ambicioso el alma
profunda sima, piélago intranquilo;
se abre al impulso de contrarios vientos,
mas nada llena su insondable abismo.

HABIB

Oye, Caleb: mi corazón rechaza
tu horrible acusación: yo necesito
pruebas para creer: ¿las tienes? ¡Dime!

CALEB

¡Calla¡ Viene el emir.

HABIB

¿Con qué motivo
a deshora la esposa abandonando
aquí el albor le encuentra matutino?

CALEB

Ocúltate a su vista: muy en breve
sabrás a lo que viene.

HABIB

Su designio
de su labio sabré.

CALEB

¡Sabrás engaño!
De ti se burlará: tras aquel tilo
acéchale encubierto.

HABIB

¡Miserable!
Yo arranco la verdad, pero no espío.

CALEB

Mas si te encuentra aquí, su crudo enojo
sobre mí recaerá: yo te suplico...

HABIB

¿Pues qué misterio su venida encierra?

CALEB

Viene, señor, a quebrantar los grillos
de tres nobles cristianos, condenados
a perpetua prisión por Muza mismo.

HABIB

¡Basta, basta Caleb! Dile a tu dueño
que está en Sevilla Habib: que sin testigos,
antes que el sol a su zenit se encumbre,
hablarle quiero en solitario sitio.
(Vase.)

CALEB

¡Esposo idolatrado de Egilona!
No siempre el hado te será propicio:
si rival de tu amor no pude nada,
¡algo habré de poder como enemigo!
(Vase.)

ESCENA V

Abdalasis, solo.

ABDALASIS

¡Cuán plácido y sereno nace el día!
¡Qué azul el cielo! ¡El aire qué benigno!
Con cualquier nombre que el mortal te adore,
¡infinita bondad! ¡poder divino,
que das al cielo luz, al campo flores
y al corazón amor, yo te bendigo!

ESCENA VI

Abdalasis, Caleb, Rodrigo, Godo 1, Godo 2, Guardias. Los tres cristianos, con cadenas y rodeados de la guardia, permanecen al fondo del teatro, y Caleb se adelanta.

CALEB

Ilustre emir, tu superior mandato
esperan los cristianos.

ABDALASIS

Conducidlos
a este lugar.

CALEB

  ¡Señor! En tu presencia
los tienes ya: llegad, godos cautivos
(se acercan los godos):
es Abdalasis, el emir de España,
el que mirando estáis: bajad sumisos
ante sus plantas la cerviz soberbia,
y como a dueño...

ABDALASIS

  No: ¡yo te prohíbo!
Sólo ante Dios se humillan los valientes.

RODRIGO

(*Encarándose a Caleb.*)
Y sólo un siervo necesita oírlo!

GODO 1

(*A Rodrigo, bajo.*)
Reprímete, señor, si de tu nombre
no quieres dar al agareno indicio.

ABDALASIS

Guerreros españoles! Si contraria
la suerte de la guerra, inútil hizo
vuestros nobles esfuerzos, la victoria
no dio su palma a vencedor indigno,
ni al férreo yugo de feroz tirano
postró fortuna vuestro noble brío.
Walid Abulabás, califa excelso,
del orbe luz, sostén del islamismo,
es el señor de España, y en su nombre
gobierno como emir estos dominios.
En uso del poder que me ha fiado
hoy quiero ser de su piedad ministro,
y os restituyo con sincero gozo
la libertad perdida. Que aquí mismo
caigan, Caleb, sus ásperas cadenas
(la guardia quita las prisiones a los cautivos)
y por mis propias guardias protegidos
vuelvan a sus hogares.

CALEB

Tus mandatos exactamente cumpliré.

ABDALASIS

Tranquilos
y dichosos vivid, godos ilustres;
que no es tan infeliz vuestro destino
como acaso pensáis. De rey cambiasteis,
mas no de condición, y yo os afirmo
que si leales, cual espero, os hallo,
nunca en premiaros me veréis remiso.

GODO 1

¡Hijo de Musa! El eco de tu nombre,
la fama de virtud que has merecido
hasta la cárcel lóbrega llegaron
do tanto tiempo sepultados fuimos.

No tan feroces son los pechos godos
que nieguen la justicia a un enemigo,
y a palabras de afecto correspondan
con necio enojo o con desdén esquivo.
Si como dices nuestra dicha anhelas,
haz la de España, emir, y el cristianismo
halle en tu corazón, y halle en tu espada,
altar solemne y formidable auxilio.

CALEB

Esos votus, cristiano, son insultos
al honor del emir.

ABDALASIS

(A Caleb.)

No necesito
que tú mires por él. ¡Nobles cristianos!
Como vosotros por la senda sigo
que el deber me señala; y aquel justo,
omnipotente Dios, ser infinito,
que acoge grato los sinceros votos
con cualquier culto que le son rendidos,
inspirará mi humilde entendimiento
como cumpla mejor a sus designios.
Ya sois libres, marchad: vuestros hogares
a saludar volved: los tiernos hijos,
la anciana madre, la adorada esposa,
id a abrazar con dulce regocijo
Condúcelos, Caleb.

GODO 1

Con Dios te quedas
y él tu ilumine, emir.

GODO 2

Que el beneficio

que de ti recibimos premie el cielo.

ABDALASIS

¡A su querer someto mi albedrío!

ESCENA VII

Abdalasís. Rodrigo.

ABDALASIS

De una acción generosa premio ofrece
el propio corazón; mas cuando aspiro
de ser amado al galardón supremo,
con placer aceptara sacrificios
los más costosos al esfuerzo humano.
¡Dichoso si pudiera...!!Más qué miro!
¡Aquí un cristiano permanece! Llega,
bizarro godo, llega : ¿no has oído
que libertad te doy?

RODRIGO

¡Hijo de Muza!
Lo comprendí muy bien.

ABDALASIS

¿Que te permito
volver a tus hogares?

RODRIGO

No los tengo.

ABDALASIS

¿A tu cara familia...?

RODRIGO

La he perdido.

ABDALASIS

Pero tu Patria...

RODRIGO

¡Esclavizada yace!

ABDALASIS

¿Y qué quieres de mí?

RODRIGO

Nada te pido.
De cuanto poseí me has despojado,
y perderlo pudieras si yo existo.
Toma mi vida, pues, y así asegura
tu intrusa autoridad.

ABDALASIS

Tu desvario
perdona mí clemencia: nunca, gódo,
despojó mi codicia a los vencidos.
Nada te debo, mísero, y ahora
la libertad te doy.

RODRIGO

No la recibo
sin que sepas, infiel, que usaré de ella
sólo para tu daño, y exterminio
de tu pérfida raza.

ABDALASIS

¡Qué locura!
Mi compasión excitas te repito

que eres libre, cristiano; sal al punto;
y jamás a mi vista...

RODRIGO

No al olvido
tu imprudencia condena mis palabras;
pues yo te advierto que si el don admito
que a fuer de generoso aquí me ofreces,
a nada, emir, por gratitud me obligo;
que tu contrario soy; que te aborrezco...
¡Y seguro no estás si yo respiro!

ABDALASIS

(Retrocediendo ante el ademán amenazante con que pronuncia Rodrigo las últimas palabras.)
¡Ah! ¿Qué intentas, traidor...? ¿Así te atreves
porque inerme me ves…?

RODRIGO

Yo estoy lo mismo;
y aunque mil armas en mi mano vieras,
no las debes temer en este sitio.

ABDALASIS

Me pruebas con tus locas amenazas...

RODRIGO

(Con dignidad.)
¡Que tu enemigo soy, no tu asesino.

ABDALASIS

Pues bien, ¡cristiano!, si volverte puedo
esos perdidos bienes; si a mi arbitrio
tu ventura se encuentra, yo tu juro
que quedarás contento, pues tu brío
y atrevido lenguaje me descubren

un grande corazón.

RODRIGO

Lo que he perdido
sólo de mi conciencia y de mi arrojo
depende recobrar.

ABDALASIS

¿Cómo, si has visto
que contraria la suerte a tu monarca,
su ruina decretó, y estos dominios
sometió a nuestras armas?

RODRIGO

¡Vi vendida
mi desdichada Patria; vi que tinto
en española sangre has empuñado
de usurpado poder el cetro inicuo!

ABDALASIS:

¡Diome aquese poder mi heroico acero!

RODRIGO:

¡La traición te lo dio, no tu heroísmo!

ABDALASIS

¡Basta, insolente godo! No así abuses
de mi prudencia suma: ¡sal! Si evito
darte el castigo que mereces, sabe
que se lo debes al feliz destino
que a mi presencia te conduce un día
que el más dichoso de mi vida estimo.
¡Vete, repito! ¡Vete! ¡Te perdono!,
y aun hacerte otras gracias determino;
que así venga Abdalasis sus agravios.

RODRIGO

Muy generoso estás, y si es mi signo
que te deba favor, te ruego sólo
que de un recelo me libertes.

ABDALASIS

¡Dilo!

RODRIGO

La infeliz reina de la triste España,
¿es muerta ya? ¡Responde!

ABDALASIS

¡No! Me admiro
que su destino ignores

RODRIGO
Sepultado
en estrecha prisión, a mis oídos
no llegó de su suerte nueva alguna.
¿Que vive me aseguras?

ABDALASIS

Te lo afirmo.
¡Vive, cristiano! Vive para dicha
y gloria de Abdalasis.

RODRIGO

¿Vive, has dicho,
para tu gloria y dicha...? No te entiendo.

ABDALASIS

Esta aurora que nace, me ve unido
con fausto lazo a mi Egilona bella.

RODRIGO

¡A ti, agareno...! ¡A ti...! Tu labio impío,
¿qué blasfemia pronuncia?

ABDALASIS

¡Miserable!
¿Aún quieren provocar tus desatinos
mi adormido furor?

RODRIGO

(*Con extrema agitación.*)
¡No...! Mas la reina
y su suerte infeliz, ¿quien qué contigo
puede enlazarse...? ¡Di…

ABDALASIS
Yo soy su esposo.

RODRIGO

¡Mientes, árabe vil!

ABDALASIS

¡Cómo reprimo
mi justa saña...! ¡Temerario!

RODRIGO

¡Mientes!
¡Cien veces, sí, cien veces yo te digo!
Calumnias, cual infame, de una reina
la noble desventura, ¡mas yo vivo!
¡Yo vivo, musulmán, te lo desmiento,
y, si tienes valor, te desafío
a probarme, do quieras, si tu alfanje
es tan ligero cual tu lengua!

ABDALASIS

¡Altivo

e imprudente cristiano! Di tu nombre:
¿Quién eres, dime, que con tanto ahínco,
la verdad rechazando, necio piensas
por la reina mostrar un celo altivo?
¿Quién eres, godo?

RODRIGO

¡Mírame, agareno!
Mírame bien, y en mi semblante escrito
aquel odio verás con que mi nombre,
callando el labio, a mi pesar publico.
¡Mírame, musulmán!, que aquesta frente
que indignamente despojada ha sido,
mas donde ven tus ojos, con espanto,
de regia majestad fulgente brillo;
y esta mirada que te abrasa, y este
impávido valor del pecho invicto,
a pesar de tu cólera te dicen
que un corazón real en él abrigo.
¡Te lo dice también tu propio pecho;
tu propio corazón te dice a gritos;
pues que tú vencedor, yo derrotado;
tú con poder inmenso, yo cautivo,
ese temblor que por tus miembros vaga
te prueba, ¡usurpador!, que soy Rodrigo!

ABDALASIS

¡Rodrigo! ¡Mientes, desdichado, mientes!
Rodrigo pereció: su cuerpo, frío
el Guadalete sepultó en sus ondas!

RODRIGO

¿Dónde está Egilona? ¡Venga! ¡Yo te exijo!
¡Venga, y sus ojos en mis ojos clave!
¡Yo la reclamo, infiel! ¡Soy su marido!
Hija y mujer de rey, cual digna reina
debe vivir, o perecer conmigo.

ABDALASIS

¡Tú, su marido! ¡Miserable! ¡Calla!
¡Calla, voz infernal...! ¡Oh! ¡Yo deliro!

ESCENA VIII

Los mismos, Ermesenda, dentro.

ERMESENDA

¿Do está el emir, Caleb? Vengo en su busca

ABDALASIS
¡Ermesenda! ¡Gran Dios!

RODRIGO

  Como testigo
el cielo la conduce.

ERMESENDA

(*Dentro todavía.*)

Di a Abdalasis
que de orden de su esposa aquí he venido:
que le llama Egilona.

RODRIGO

¡Que le llama
Egilona...! ¡Gran Dios! ¡Fuego respiro!
(*Queriendo salir al encuentro de Ermesenda.*)
¡Llega, Ermesenda, llega.

ABDALASIS

(*Deteniéndole.*)
¡Desdichado!
¡Hola! ¡Guardias...! ¡Caleb! Sea sumido
(*Salen la guardia y Caleb*)

este traidor en hondo calabozo.

RODRIGO

(*Fuera de sí.*)
Ven, Ermesenda, y el mensaje digno
de tu reina pronuncia.

ABDALASIS

(*A su guardia.*)
¿Qué os detiene,
villanos...? Tú, Caleb: yo te lo fío
tu cabeza responde: sin demora
a un hondo calabozo..., ¡y con sigilo!

RODRIGO

(*Cercado de soldados, que te empujan dentro.*)
¡He aquí de tu nobleza la alta prueba!
¡De un musulmán este es el heroísmo!
Cual tu poder afirma tus amores,
pues otra vez lo que te dije digo:
que tu enemigo soy, que te aborrezco,
y seguro no estás si yo respiro.
(*Vase con Caleb y guardias.*)

ESCENA IX

Abdalasis. Ermesenda.

ABDALASIS

(*Con extrema agitación.*)
¡Oh! ¡Yo te haré callar, infame godo!
Castigaré cruel el artificio
de tu infernal malicia...! ¡Tu impostura
has de expirar con bárbaro martirio!

ERMESENDA

(*Entrando.*)
¿No me engaño, señor? ¿Es un cristiano
al que preso conducen? No le he visto;
mas tus palabras de furor llegaron
con espanto del pecho a mis oídos.

ABDALASIS

(*Con turbación.*)
 Su enorme crimen..., mas, ¿de un godo oscuro
qué te importa la suerte? Te prohíbo
que una sola palabra a mi Egilona
digas sobre este asunto. ¡Si un descuido
tuvieras por desdicha...! ¡No lo olvides!,
que la ley del silencio aquí te intimo.

ERMESENDA

Con estopor te escucho, y en tu rostro
tal trastorno contemplo...

ABDALASIS

(*Preocupado.*)

Su delito
no puedo perdonar: nadie se atreva
a suplicar por él.

ERMESENDA

Sólo te pido...

ABDALASIS

(*Interrumpiéndola.*)
¿Do está Egilona?

ERMESENDA

Llámate afanosa,
pues de terror su pecho poseído,
mil quimeras se forja que la espantan.

ABDALASIS

(*Esforzándose por disimular su agitación.*)
¡Flaqueza femenil! ¡Yo estoy tranquilo!

ERMESENDA

Ven a calmar su agitación.

ABDALASIS

Al punto
a su presencia voy; que mi cariño.
y mi deber me ordenan ni un momento
abandonar mi esposa.

ERMESENDA

Yo te guío a do tu guarda. ¡Sígueme!
(*Aparte al salir.*)
¿Qué extraño sentimiento le agita?
(*Vase.*)

ABDALASIS

¡No vacilo!
¡Su esposo soy! El hórrido secreto
en aquel pecho quedará escondido
muda por siempre la funesta boca
que insana pronunció vive Rodrigo!

ACTO SEGUNDO

Salón del palacio del emir Abdalasis, amueblado, lujosamente al estilo árabe.

ESCENA I

Egilona. Ermesenda, entrando.

EGILONA

(*Sentada*)
¡Sola vuelves, oh amiga...! ¿Y Abdalasis?
ignora que le llamo?

ERMESENDA

A tu presencia
en breve le verás : mis pasos sigue;
mas, cual si tu terror contagio fuera
grabada notarás en su semblante
la agitación que el alma te atormenta.

EGILONA

Causar disgusto a aquellos que me adoran
es, Ermesenda, mi fatal estrella.
¡Sí! La zozobra, que combato en balde,
los fúnebres presagios que me asedian,
mi palidez profunda, y este llanto
que involuntario mis mejillas riega,
causan en el emir la pena amarga
que en su semblante condolida observas.

ERMESENDA

Aquí le tienes ya : consuelo mutuo
entrambos hallaréis en la terneza

del puro sentimiento que os anima.

ESCENA II

Dichas. Abdalasis.

Abdalasis

(*Aparte.*)
Tiemblo al mirarla: siento que se aumenta
mi agitación fatal. Cara Egilona,
si es cierto que el mirarte no me vedas...,
que a tu lado me llamas...

EGILONA

Sí, Abdalasis:
busqué reposo en vano; me amedrenta
la misma soledad que antes pedía.
Indulgente perdona mi flaqueza,
y no condenes cual pueril capricho
el mal incomprensible que me aqueja.
Presto se calmará: lo espero; dime
una vez, y otra vez, que tu alma espera
ventura de mi amor; quiero escucharte,
que con tu acento el corazón sosiegas.
Vierta en mi pecho dulces esperanzas
la sublime expresión de tu alma bella
numéreme tu voz los beneficios
que con tu mano generosa siembras
en el suelo español: las bendiciones
que recoges doquier.

ABDALASIS

(*Turbado.*)
¡Tanto exagera
tu bondad!, ¡oh Egilona!, mis virtudes,
¡que te escucho turbado!

EGILONA

Son tus prendas
mi sola excusa, sí: cuando culpable...,
perdona, noble emir, torpes no aciertan
mis labios a expresar mis pensamientos.
¡Tan conmovida estoy...! Si las cadenas
rompieses ya de los cautivos godos,
quiero que aquí su gozo me refieras,
su gratitud profunda; que al oírte,
lágrimas dulces verteré,[15] y serena
tal vez el alma, con placer se abra
a otra emoción más viva y halagüeña.
Háblame, pues, de tus piedades : dime
que debe ser mi amor tu recompensa.[16]

ABDALASIS

(*Cada vez más agitado.*)
¡Tu amor...! ¡No LO merezco! Mas si debes
compadecer la desventura inmensa...,
si concibe tu pecho los combates
que sosteniendo estoy..., si la funesta
pasión que me devora has comprendido...
¡Oh Egilona! ¡Piedad! ¿Por qué te empeñas
en desgarrarme el alma; en oprimirme
con insidiosa voz...?

EGILONA

Si las quimeras
que se forja mi mente con enfado
observas, ¡oh Abdalasis!, si condenas
mis femeniles ansias; Si te ofenden

---

[15] Egilona alude a un concepto de la bondad basado en la virtud ilustrada.

[16] Egilona busca aplacar su conciencia y justificar su unión con Abdalasis con el acto de piedad y la influencia que puede ejercer en éste para aliviar la vida de sus súbditos godos.

tristes recuerdos que excitar debieran
tan sólo tu piedad..., debes al menos
no articular la inmerecida queja
que el enojo te dicta. Si este grave,
solemne día a mi pesar despierta
tormentosas memorias, que en el alma
inútilmente sepultar quisiera,
antes que exacerbar las penas mías
tu tierno corazón las compadezca.
¡Ay! ¡Que no sabes, no, cuántos delirios
perturban mi razón y mis ideas!
Delirios son, lo sé; mas lucho en vano
por contrastar su pérfida influencia.
Tristes ensueños, fúnebres visiones
me persiguen doquier, y en la hora misma
que de tu lado me aparté, buscando
aquel reposo que de mí se aleja,
los presagios funestos de mi pecho
sentí crecer con invencible fuerza.
Mi opaca, triste y silenciosa estancia
tumba me pareció, y helada y densa
la atmósfera sentí. Con miedo insano
corrí veloz a la rasgada reja,
a ver del sol naciente los fulgores
y a respirar las auras lisonjeras
que del jardín en las floridas plantas
iban bebiendo plácidas esencias.
Mas, ¡cuál se pierde la ofuscada mente,
y qué prodigios el terror engendra...
Aquellas auras, que busqué afanosa,
hasta mi oído los acentos llevan
de una indignada voz, que no distante
contra mí lanza acusación tremenda.
¡Oh Abdalasis! Pensé que de Rodrigo
escuchaba la voz, que bronca y fiera
las terribles palabras repetía
que en pesadilla prolongada, acerba,
soñé escucharle. La locura entonces

mis sentidos turbó de tal manera,
que ante mis ojos la iracunda imagen
miré cruzar cual rápida centella,
que en breve se perdió. Mas del fantasma,
bien que fugaz, mi corazón conserva
un exacto recuerdo. De mi esposo
era la talla, el aire, la fiereza...
Sus ojos vi con rápida mirada
rayos lanzar de claridad siniestra,
al sacudir con impotente ira
los duros hierros de su mano regia.
Desapareció del bosque en la espesura
la espantosa visión; pero sus huellas
imaginaba en mi fatal delirio
que iba siguiendo con veloz carrera
tu propia guardia, emir. ¡Oh! No indignado
de mí apartes los ojos; no prevengas
reconvención severa al extravío
de mi triste cerebro. Tu presencia
benéfica lo calma.

ABDALASIS

(*Cuya turbación llega casi al extravío*)
Sí, te creo.
Serás dichosa cual lo soy: ya cesan
nuestros temores todos: ¡mi ternura
siempre hallarás tan viva, tan intensa...!

EGILONA

Y en mí la gratitud, que a tus bondades
tributa el corazón, vivirá eterna.

ABDALASIS

Si un esposo perdiste que la tumba
en sus abismos para siempre encierra,
otro aceptaste voluntaria: mía
eres ya..., ¡no lo olvides! Sin que puedas

faltar jamás al juramento sacro
que de tu labio recibí.

EGILONA

Me afrentas
con esa duda, emir.

ABDALASIS

¡Y nunca! ¡Nunca
tu tirana virtud me reconvenga,
si con delitos mil compro una dicha
que injusto el cielo a mi virtud le niega!

EGILONA

¡Qué estás diciendo?

ABDALASIS

¡No lo sé...! Me turban
tus terrores insanos..., me enajena
una pasión voraz, irresistible...
Perdona compasiva...: mi cabeza
siento turbarse más y más... Te ruego
permitas que me aleje.

EGILONA

Con sorpresa,
¡oh Abdalasis!, te escucho.

ABDALASIS

Muy en breve
puede, Egilona, que a tu lado vuelva,
y más tranquilos ambos... ¡Necesito
el aire libre respirar, que espesa
y ardiente, aquí la atmósfera me ahoga!

EGILONA

¡Estás conmigo y alejarte anhelas!

ABDALASIS

Sólo un instante...

EGILONA

Ve; no te detengo.
(Abdalasis le besa la mano y se retira.)

ESCENA III

Egilona. Ermesenda.

EGILONA

¡Qué mudanza, gran Dios! Ven, Ermesenda.
¿Qué dices del emir...? Estoy confusa.
¡Le llamo cariñosa y él se aleja...!
¿Le ofendí acaso...? Dime: ¿qué motivo
recelas tú que sus enojos tengan?

ERMESENDA

Cuando acentos de amor buscó en tu labio
la relación oyó de las quimeras
que forja tu delirio, y que le ofenden
Pero otra causa mi malicia encuentra
a su gran turbación.

EGILONA

¿Cuál es?

ERMESENDA:

Piadoso,
y anhelando agradarte, las cadenas
prometió quebrantar de los cristianos

que suspiraban en prisión estrecha,
y de faltar a su promesa grave
el sonrojo y baldón tal vez le inquietan.

EGILONA:

¡Faltar a su promesa! !No es posible!

ERMESENDA

Conozco la bondad de su alma recta;
le estimo; le venero; pero fundo
en indicios vehementes mis sospechas;
y la amistad me manda te lo diga,
a pesar de las órdenes severas
con que el silencio me intimó.

EGILONA:

Te escucho
habla presto, por Dios, no te detengas.

ERMESENDA

Con franqueza lo haré. Cuando en su busca
al jardín me mandaste, vi que...

EGILONA

¡Cesa! Oigo rumor de pasos.

ERMESENDA

No te engañas: él es, que vuelve.

EGILONA

¡Ven! Que no me vea:
antes quiero escucharte. Ven conmigo.

ERMESENDA

Siempre a seguirte me hallarás dispuesta.

ESCENA IV

Abdalasis, solo.

ABDALASIS

(*Al entrar.*)
¡No, no puedo dejarla! Sin su vista
todo es silencio, soledad, tristeza...
Mas se alejó...! Castiga mi desvío
huyéndome también. ¡Yo quiero verla!
(Hace adenzán de entrar por donde se retiró
Egilona, y al punto se detiene.)
¡Egilona! ¡Mi bien...! ¡Ah! Sus encantos
cual poderoso imán tras si me llevan:
mas si la miran mis ardientes ojos,
me turban, me fascinan, me enajenan,
y en el delirio que me asalta, al labio
el arcano cruel salir pudiera.
(*Siéntase abatido.*)
Un instinto fatal harto le anuncia
la atroz verdad que en rechazar se esfuerza
mi débil corazón. ¡Ella le ha visto!
Ilusión lo creyó; ¡mas no lo era!
Aquel que desde el seno de la tumba
fue de mi dicha rémora funesta,
ahora revive por mi mal; ahora
cerca de mí respira..., ¡de ella cerca!
¡Más no, no puede ser! ¡Vuelva al sepulcro!
(*Se levanta agitado.*)
¡Basta su sombra a mi enemiga estrella;
basta a mi padecer que su recuerdo
en el alma que adoró eterno sea!
No habrá de arrebatarme, no, ¡te juro!,
la incompleta ventura que me deja:

mía es por siempre la beldad que adoro,
y en su seno feliz mi alma serena...,
¡serena el alma si a sus brazos llevo
manchada en sangre la homicida diestra...!
¡Y en la sangre...!, qué horror..., ¡de un desdichado
que todo lo perdió; que aquí se encuentra
cautivo en mi poder...! ¡Y el seno puro
de su viuda infeliz descanso diera
al asesino vil...! ¡Bajo mi mano
palpitara de amor...! ¡No! ¡No! Sangrienta
en medio de los dos la airada sombra
viera alzarse de súbito, y tremenda
la voz de la conciencia atormentada
denunciara mi crimen. ¡Oh violenta,
interminable lucha..!! Cien impulsos
siente a la vez mi corazón.
(*Vuelve a caer desfallecido en la silla que ocupó antes.*)

ESCENA V

Abdalasis. Caleb.

CALEB

Te ruega
tu noble amigo Habib que en este sitio
te dignes escucharle.

ABDALASIS

Siempre abierta
halló mi estancia Habib.
(*Vase Caleb.*)

Tal vez mitigue
mi atroz delirio su razón austera:
tal vez encuentre en su amistad consejo.

ESCENA VI

Abdalasis. Habib.

ABDALASIS:

(*Saliendo al encuentro de Habib.*)
Llega, querido Habib : ¡Cuánto celebra
mi corazón tu vuelta! Que en sus brazos Abdalasis
te estreche.

HABIB

¡Tente! ¡Espera!
Antes que amigo tus halagos busque,
celoso musulmán a tu presencia
me conduce el deber

ABDALASIS

¿El deber dices?

HABIB

¡El deber dije, emir!

ABDALASIS

Haz que comprenda
de esas palabras el sentido.

HABIB

Fácil
te será comprenderlo, si recuerdas
que del califa, nuestro dueño augusto,
soy súbdito leal, y del profeta
discípulo celoso.

ABDALASIS

No tu olvido.

HABIB:

Tampoco olvidarás que la prudencia
de tu glorioso padre, el sabio Muza
triste al abandonar estas riberas
con el viejo Zeyland, su digno amigo,
tu juventud encomendó inexperta
a mi afecto leal: que honró mi celo
ordenándote a ti que dócil fueras
a mis consejos fraternales.

ABDALASIS

Siempre
de mi tierna amistad tuviste pruebas.
Lugarteniente te elegí, fiando
a tu pericia tropas agarenas,
que bajo el mando de tan gran caudillo
del Albortal la altiva cordillera
han recorrido siempre victoriosas, mil lauros
conquistándote doquiera. ¿Cuándo, en qué tiempo
desdeñar me has visto el deudo y la amistad que nos
estrechan? ¿En qué ocasión, Habib, me hallaron
sordo tus prudentes consejos?

HABIB

Si severa
se muestra mi amistad, jamás traidora
la puedes encontrar: libre mi lengua
la verdad te dirá, pues no conozco
servil adulación.

ABDALASIS

Y esa franqueza
que adorna tu carácter, bien lo sabes,
es la mayor de tus sublimes prendas.

HABIB

No ha mucho tiempo, no, que yo las tuyas
exaltaba doquier; que con fe ciega
acaté tu virtud: no ha mucho tiempo
que era tu nombre del honor emblema,
y la agarena juventud tenía
por extrema ambición seguir tus huellas.

ABDALASIS

Si tal tu afecto me juzgó, ¿qué cambio
has observado en mi que así merezca...?

HABIB

(*Interrumpiéndole.*)
 No finjas ignorancia : no preguntes
lo que tu misma confusión revela.

ABDALASIS

¿Qué te revela, di?

HABIB

Que de una esclava
eres juguete mísero: que en mengua
de tu pasada gloria, con infieles
en vergonzosa unión aquí te encuentro,
sacrificando tu deber, tu culto,
a la impura pasión que tu alma alberga,
y que irrita, tal vez con maleficio
de infernal invención, la frágil hembra
que caliente la sangre de su esposo
su tálamo te brinda.

ABDALASIS

¡El labio sella!
No mi paciencia tu locura apure:
que puedo perdonarte las ofensas

que a mí sólo dirijas; pero nunca
las que amenacen a la dama excelsa,
cuya heroica virtud venera España.

HABIB

España con escándalo contempla
la criminal unión que tu delirio
hoy a su vista atónita presenta.
Sal si te atreves del suntuoso alcázar
donde tu insana vanidad desplega
este fausto real; donde el incienso
de los viles cristianos que te cercan
respira con placer tu loco orgullo.
Sal, Abdalasis, sal, y la vergüenza
que cubre los semblantes musulmanes
será a tus ojos evidente muestra
del indigno baldón que al tuyo imprime
el enlace fatal con una sierva.

ABDALASIS

Para pensar cual tú, fuera preciso
tu ciego fanatismo y tu demencia.
Eres tú solo quien iluso acoge
necios errores que tu mente crea.
Si de antiguo querer gratos recuerdos
no te escudasen hoy, la vez postrera
que liviano tu labio me ultrajase
fuese aquesta, oh Habíb...! De mi conciencia
me basta el testimonio : mis acciones
no al fallo de tu voz están sujetas.
Dios y el califa son mis solos jueces,
y al califa y a Dios rendiré cuenta
de mi conducta cuando llegue el día
en que ellos la demanden; mientras llega,
sólo me toca a mí pesar mis obras:
a vosotros os toca la obediencia.

HABIB:

Es crimen la obediencia, sí el que manda
por elección de autoridad suprema
contra ella se rebela, y en su daño
el prestado poder ingrato emplea.

ABDALASIS

(Con aire de amenaza.)
¡Habib!

HABIB

(Con energía.)

Rebelde a tu monarca, impío,
tu religión augusta menosprecia
y el cetro y la mujer del vil Rodrigo
a precio de tu honor comprar intentas.
Pero no lo obtendrás, yo tú te juro:
a pesar tuyo por tu gloria vela
esta fiel amistad, que ya te enoja,
y que tú nunca comprender pudieras.
Si el amor del ejército te escuda
y en él estriba tu arrogancia fiera,
pronto conocerás que no es tan firme
aqueste apoyo como iluso piensas.
El clamor general presto a tu oído
harán llegar en indignadas quejas
los buenos musulmanes : ¡no lo dudes!
De tu palacio a las doradas puertas
acudirán en breve: por salvarte,
si es menester, desplegarán la fuerza,
y con la sangre de la infame goda
las manchas lavarán de tu flaqueza.
(Vase.)

ABDALASIS

¡Monstruo! ¡Qué dices! Teme de mi saña...

Partió el osado; mas su furia ciega
es de todo capaz. ¡Oh día aciago!
Enemigos doquier mi dicha encuentra:
muertos y vivos contra mí conspiran,
y arrebatarme mi Egilona anhelan.
¡Mas en vano será! ¡Que vengan todos!
Que el cielo, el mundo y el infierno vengan
a oponerse a mi amor: los desafío:
provoco su furor: ¡nada me arredra!
Si obstáculos se ofrecen a mi dicha,
todos, sin excepción, hollados sean;
que clemencia, deber, virtud, peligros,
exasperado el corazón desprecia.
¡Caleb! ¡Caleb!

ESCENA VII

Abdalasis. Caleb.

CALEB

Señor, aquí me tienes,
¿qué me ordena tu voz?

ABDALASIS

Gente selecta
doble al punto la guardia del palacio.

CALEB

Voy, digno emir, a obedecerte.

ABDALASIS

Espera.
(Se acerca a una mesa, y escribe.)

CALEB

¿Te amenaza, señor, por desventura

algún grave peligro? ¿Yace expuesta
la pública quietud?

ABDALASIS

¡Caleb! Te fío
aqueste escrito, que un mandato encierra
que harás ejecutar. ¡Harto el dictarle
(dándole el pliego)
cuesta a mi corazón!

CALEB

Justa sentencia
de algún culpable...

ABDALASIS

Sí; razones graves
me obligan a ordenar que preso sea hoy
mi lugarteniente.

CALEB

¡Habib...! Comprendo:
tu elevación irrita su soberbia;
y no extrañara que su mano aleve
pudiera alzar contra ti propio.

ABDALASIS

Fuera
si me amagase a mí menor su crimen:
le perdonara yo si a mi cabeza
amenazase su insensata furia:
mas osó pronunciar lo que su lengua
condena acaso al eternal silencio.
A mi esposa ultrajó, y en su insolencia
corrió a excitar al pueblo, que presume
alucinar con engañosas muestras
de patriotismo y religioso celo.

CALEB

Mas, ¿qué pretende?

ABDALASIS

¡Que la sangre regia
de Egilona demande el pueblo iluso:
que castigue mi amor en su existencia!
¡Insensato cruel! Su sangre toda
no bastará a expiar la atroz blasfemia
que pronunció su labio. Confianza
me merece Caleb: que nadie entienda
lo que acabas de oír.

CALEB

Señor, tranquilo
puedes estar; conoces mi reserva.
(*Hace ademán de salir.*)

ABDALASIS:

¡Aguarda...!

CALEB

¿Qué me ordenas?

ABDALASIS:

(*Aparte.*)
¡Suerte cruda!
¡Adónde me conduces...!
(*A Caleb con esfuerzo penoso.*)

Cuando tienda
su oscuro manto la callada noche,
en la prisión del godo con cautela
penetra solo : encadenado yace...,
que por tu misma mano al punto muera,
pues es mi voluntad que la justicia

que se ejecute en él quede secreta.

CALEB

Todo se hará cual mandas.

ABDALASIS

Por mí propio
medidas graves tomaré, severas,
que aseguren el orden : ¡yo lo fío!
El ponzoñoso germen, que se siembra
con maligna intención, será extirpado
antes que brote en la española tierra.
(Vase.)

ESCENA VIII

Caleb. Luego Egilona. Ermesenda.

CALEB:

Sobrado recelé que nada haría
el fanático Habib: la sangre bella
 de una mujer demanda: ¡miserable!
En su pueril superstición desdeña
la propicia ocasión con que la suerte
le brinda caprichosa: su ira necia
 perdona al que se opone a su fortuna,
y en la cristiana con rencor se ceba.
Yo solo, debo yo..., ¡mas soy cobarde!
Nadie aquí miro que escucharme pueda:
cobarde soy...! De todos adorado
(reflexionando)
es el emir. La muerte que me ordena
dar al godo cautivo... ¡Peligroso
le contempla sin duda! Su sentencia
me prueba que te teme. Por mi mente

siento rodar una brillante idea
un pensamiento luminoso: ¡alcanza
 mucho el talento, cuando amor incendia
con su fuego voraz el pecho duro
que un africano corazón alberga!
Alguien se acerca..., sí, ¡y es Egilona!
¡Es ella!! Me estremezco!

EGILONA

Sí, Ermesenda,
quiero verle; mi voz en sus oídos
repetirá las pérfidas promesas
que tan presto olvidó.

ERMESENDA:

Pues tan sañudo
contra el triste cristiano, en mi presencia
osó mostrarse. ¡Oh Egilona! Temo
que hasta tu ruego desechado veas.

EGILONA

Si así fuese..: ¡Mas no...! Voy en su busca,
y sabré presto...

ERMESENDA

¡Tente...! Nos acecha
el bereber odioso que acaudilla
la guardia del emir.

EGILONA

Nunca se templa
el horror caprichoso que tu causa
ese moro sumiso, que mis huellas
osa apenas mirar. Hablarle quiero,
¡Caleb!

CALEB

Divina huri, del orbe reina,
¿qué mandas a tu esclavo?

EGILONA

Di, ¿Abdalasis
dónde se encuentra?

CALEB

No lo sé : con priesa
del alcázar salió.

EGILONA

(A Ermesenda.)

¿Oyes? ¡Oh amiga ¡
¡Sin verme, sin hablarme ya se ausenta
el amante rendido!

ERMESENDA

Sé prudente,
que te observa Caleb.

EGILONA

Caleb, quisiera
un favor merecerte.

CALEB

De tus labios
la más leve palabra ley suprema
es, sublime beldad.

EGILONA

¿Yace en prisiones
un godo criminal?

CALEB

Pues le condena
tu soberana voz, monstruo le juzgo
indigno de la luz.

EGILONA

Su muerte cierta
será sin duda.

CALEB

Morirá, señora,
si tal es tu querer.

EGILONA

Cuando decreta
el emir su castigo, no me toca
juzgar a mí si es justa la sentencia.

CALEB

¿Manda el emir su muerte?

EGILONA

Tú lo sabes.

CALEB

Sé que su afecto nada te reserva,
y que tanto te adora, ¡oh Egilona!,
que aquí tu voluntad todos veneran
cual infalible ley.

EGILONA

Si fuese cierto
que tan grande poder, y tan extensa
autoridad gozase, de ti solo
demandara, Caleb, mezquina prueba.

CALEB

(*Con calor.*)
¡De mí...! ¿De mí dijiste...? Si mi dicha
fuese tan grande, ¡.oh Dios!, que mereciera
una demanda de tu boca... ¡Hermosa
más que el clavel fragante que con perlas
salpican los vapores matutinos...!
Si placer tanto concedido fuera
a este infeliz mortal, en aquel día
la tierra toda pareciera estrecha
a mi glorioso orgullo.

EGILONA

¿Y obediente
te encontrará mi voz?

CALEB

(*Con fuego.*)
¿Dudar pudieras,
tú, cuyo acento desarmara al rayo,
parara al aire y derritiera peñas?
Si tu pidieses tú, mi honor, mi vida,
mi Dios también tu diera por ofrenda;
y glorioso me vieras con la infamia;
si una mirada tuya en recompensa...

EGILONA:

(*Con dignidad.*)
¡Caleb!

CALEB

(*Variando de tuno y con ademán sumiso.*)
¿Qué mucho que por ti mi pecho
tal entusiasmo guarde, si venera
en tu beldad la soberana joya
que es del invicto emir fausta diadema?

¿Qué debe ser para Caleb la ilustre
reina feliz que en su señor impera?

EGILONA

De ese respeto y sumisión te pido una leve señal.

CALEB

(*Inclinándose.*)
Todas pequeñas
serán, con mis anhelos comparadas.

EGILONA

Una palabra sola.

CALEB

¡Manda, reina!.

EGILONA

¿Cuándo el cristiano inorirá?

CALEB

Lo ignoro.

EGILONA

Faltas a la verdad.

CALEB

Si te interesa...

EGILONA

La reserva depón, que de la mía
con juramento tu aseguro.

CALEB

¿Piensas
que exista para mí temor más grave
que el de causarte enojo?

EGILONA

Con franqueza
dime, pues, la verdad: ¡cuándo?

CALEB

Esta noche.

EGILONA

¡Esta noche...! ¡Gran Dios!
(Queda un instante pensativa.)

CALEB

(Aparte.)

Yace suspensa.

EGILONA

¡Caleb! No morirá; yo te prohíbo
yo, cuya voluntad, tú lo confiesas,
es al emir precepto sacrosanto.

CALEB

¡Y qué; señora! ¿Juzgas que me atreva
su mandato a infringir...? Si lo revoca,
como hará, no lo dudes, si te empeñas
en salvar al cautivo...

EGILONA

Lo revoco
en su nombre yo misma, y esta seña
(enseñando el anillo de Abdalasis)
del extenso poder que me ha fiado,
de todo compromiso te releva.

CALEB

(Inclinándose con respeto.)
Ese sagrado símbolo respeto
pero, ¿sabe el emir en lo qué empleas
la autoridad que te confiere?

EGILONA

Nada
eso debe importarte: a tu defensa
basta el decir que vistes en mi mano
este signo precioso, y que secreta
orden te di de libertar al godo
con tanta brevedad como cautela.

CALEB

¿Y en efecto la das...?

EGILONA

¡La doy!

CALEB

¿Me mandas romper sus hierros?

EGILONA

¡Sí!

CALEB

¿Que abierta sea
su tenebrosa cárcel?

EGILONA

¡Sin demora!

CALEB

(En ademán de retirarse.)
Complacida serás.

EGILONA

(*Deteniéndole con recelo.*)
Veo que piensas
engañarme, Caleb.

CALEB

Si más segura
quieres quedar de mi obediencia, ordena
que aquí se deje penetrar al godo,
y del grande favor que le dispensas
él mismo te dará debidas gracias.

EGILONA

¿Cuándo?

CALEB

Esta noche.

EGILONA

(*Dudosa.*)

Con placer le viera,
pero su riesgo..

CALEB

¿Cúal? Ninguno tiene
queriendo tú, señora: escribe, y sella
con el anillo, del poder insignia,
dos líneas solas.
(*Se acerca a la mesa y Egilona le sigue.*)

Di que se conceda
entrada en tu jardín al que ese pliego
presente.

EGILONA

¿Pero quién...?

CALEB

Guardo las puertas
del alcázar yo mismo, con mi gente,
que advertida será, y a mi prudencia
debes fiar el que ninguno alcance
en el palacio la menor sospecha
de lo que tú me mandas y ejecuto
con justa sumisión. Nada me cuesta
presentarte yo propio al desdichado
a quien libertas hoy, pues esa prenda
que te otorga el emir, será mi excusa.

EGILONA

Mas di, ¿qué debo hacer para que pueda
huir el cautivo de este suelo infausto
sin que nadie lo siga o lo detenga.

CALEB

Con un franco conducto, que tú misma
le darás esta noche, tu libertas
de todo riesgo.

EGILONA

(*Escribe y le da el papel.*)
¡Bien! He aquí la orden.

CALEB

Cuando tienda la noche sus tinieblas,
serás en todo complacida.

EGILONA

Fío
en tu promesa.

CALEB

Sí, tenla por cierta.
(*Saluda y vase: al salir dice los dos últimos versos*)
¡Ídolo venerado de Abdalasis!
Escudo para herirle tú me prestas.

ESCENA IX

Egilona. Ermesenda.

ERMESENDA

¿Fe te merece el mauritano, amiga?

EGILONA

Poca, te lo confieso; no sosiega
mi corazón aún.

ERMESENDA

¡Noté en su rostro
tan extraña expresión...! En sus ofertas
se ocultaba sin duda la perfidia.

EGILONA

Qué mucho, cara amiga, que me mienta
ese oscuro africano, si ha mentido
Abdalasis también. ¡Raza funesta!
¡Pérfida raza de la Arabia fruto!
Almas sin compasión, áridas, secas,
que el mismo amor fertilizar no puede,
pues brilla como el sol en las arenas
de sus desiertos páramos,
que nunca consigue fecundar con su influencia.

ERMESENDA

Yo como tú los súbitos rigores
deploro del emir; mas si quisiera
explicar su conducta, acaso, amiga,
 lograra disculparla.

EGILONA

¡Oh Ermesenda!
¿Por qué si alcanza su perjurio excusas
con franca claridad no las alega?

ERMESENDA

Tu observación es justa.

EGILONA

Mas el triste
contra quien tanta cólera alimenta,
¿quién es? ¿En qué le ofende? Descubrirlo
quiero esta noche a cualquier precio. Venga:
sus propios labios el enigma aclaren.

ERMESENDA

Del moro desestimo las promesas.
¡Acaso el preso a las eternas sombras
en esta noche pase!

EGILONA

¡Horrible idea!
Pero no; no será; me atrevo a todo
para impedir la ejecución sangrienta.
No en la palabra de otro infiel fiada
deje a un cristiano al borde de la huesa
mi cobarde piedad. No, cara amiga;
salvarle debo y quiero: ¡estoy resuelta!
Con las primeras brumas de la noche,
propicias al misterio, iré yo mesma
a la lóbrega cárcel, y el cautivo
rotas verá sus bárbaras cadenas.
Que lejos del recinto de Sevilla
mire brillar del sol la luz primera,
y si reclama la cristiana sangre
el inhumano emir, mi sangre vierta
(Vase.)

ERMESENDA

¡Cuántos combates la infeliz sostiene!
¡De cuán varios afectos su alma llena...!
Mas gente llega; seguiré sus pasos:
¡así pudiera aligerar sus penas!

ESCENA X

Caleb. Habib.

CALEB

No persistas, señor, en tal empeño.
Sal del alcázar, que tu vida arriesgas
permaneciendo en él.

HABIB

Dile a Abdalasis
que por última vez hablarle anhela

mi ultrajada amistad: dile que antes
que por salvar su gloria me resuelva
a violentos extremos, necesito
que me escuche, Caleb, que le aconseja
mi cariño...

CALEB

Señor, que huyas al punto
a ti te dicta el mío; si te vieran...
Sal sin demora; ocúltate; y si puedes
véngate de un ingrato.

HABIB

No; su afrenta,
su oprobio labrará si le abandona
mi prudencia, Caleb; pues le despeña
su furiosa pasión...

CALEB

¡Oh! Sé prudente
contigo mismo : salva tu cabeza,

HABIB

¡Mi cabeza!

CALEB

¡Señor! Mandato tengo
de prenderte.

HABIB

¡Qué horror! ¡Prenderme...!

CALEB

Ciega
es del emir la saña: de tu sangre
le devora la sed: sálvate apriesa,

pues si aquí permaneces, su mandato
tendré que obedecer.

HABIB

¡Está sedienta
de mi sangre su rabia!

CALEB

¿Qué te admira?
¿No ves, Habib, que a su ambición barreras
opone tu virtud?

HABIB

¡Ah! ¡Te comprendo!
Y no mi riesgo, el suyo me amedrenta.
¡Para subir al trono necesita
como escalón primero mí cabeza…!
Llévasela, Caleb! ¡Sí, que el ingrato
sacie su rabia, selle su vergüenza!
¡Llévasela, Caleb, que a su Egilona
se le presente escuálida, sangrienta
digno trofeo de victoria infame,
y de nefando amor nefanda ofrenda.

CALEB

Oh, calla, por tu bien, o eres perdido:
he sentido rumor: alguien se acerca.
Abdalasis será.

HABIB

Venga en buen hora;
sí, venga el tigre a devorar su presa.
Llega, Abdalasis, llega; aquí me tienes.

CALEB

(*Deteniéndole.*)

Me expones o me obligas...

HABIB (*Sin oírle*)

Si deseas
mi sangre, que es tu sangre, ¡Oh Abdalasis!
sácala gota a gota de mis venas...

CALEB

¡Quieres perderte...! ¡Bien...! Que no te he visto
finge al menos, por Dios.
(Entrando por una puerta lateral con prisa.)

¡Maldito seas,
incorregible loco!

ESCENA XI

Habib. Zeyad.

HABIB

¿No me engaña
la vista...? ¡Santo Dios!... Posible fuera
que en España Zeyad...
(Entra Zeyad.)

¡Zeyad!

ZEYAD

¡Oh ilustre
y valeroso Habib! Llegado apenas
al suelo ibero con afán te busco:
gracias al cielo doy que tu presenta
por fin a mis miradas

HABIB

Noble anciano,
¿cómo es que a España llegas sin que sepa
el que la manda tu venida?

ZEYAD

(*Con aire cauteloso.*)
Vengo de Siria con misión secreta,
que debes hoy saber.

HABIB

¡Díla!

ZEYAD

No puedo.

HABIB

¿Por qué ese aspecto de terror? ¿Recelas
de alguno aquí?

ZEYAD

¡Salgamos!

HABIB

(*Cuidadoso.*)

De tu amigo
y compañero Muza, cuya ausencia
aflige a España, dime, ¿qué noticias
nos puedes dar?

ZEYAD

Te las diré, mas fuera
aquí debo callar.

HABIB

¡Oh! Si es que sabes
la desgracia, Zeyad, que tanta pena hoy en los
buenos musulmanes causa...,
si a ti llegó la fúnebre querella
del afligido pueblo, que deplora
del triste emir la ceguedad funesta ...

ZEYAD

¡Habib! ¡Qué dices!

HABIB

Que tu duelo mudo
me declara, Zeyad, lo que quisiera
disimular tu voz; que apenas pisas
el suelo infausto de la infausta Iberia,
ya la desdicha que lamento lloras.

ZEYAD

Abdalasis...

HABIB

Lo sé: de su alma bella
las esperanzas que fundar solías,
dulces, hermosas y elevadas eran;
y el desengaño lamentable tocas
turbado el corazón, muda la lengua.
Mas no debes huir, Zeyad, no debes
abandonar al triste cuando yerra:
piadoso el cielo te conduce; acaso
salvarle, amigo, del abismo puedas
con tu virtud, tus venerables canas,
tu fervoroso celo y tu elocuencia,
y por tu mano volverá guiado
del deber sacro a la olvidada senda.

ZEYAD

¡Mas cómo! ¿Es cierto que culpable juzgas
al que tu amigo fue?

HABIB

Sobrado cierta
es su culpa fatal: trémulo el labio
y embargada la voz te lo confiesan.
La lealtad, la fe de sus mayores,
todo en un punto lo olvidó : sedienta
de mando y de placer está su alma,
y amor can sus delirios, la diadema
con su aciago fulgor..., todo se aúna
para arrastrarle a la garganta abierta
de un hondo precipicio. Las bondades
del invicto califa; tantas pruebas
de su regio favor, nada le para;
y en su ambición frenética la diestra
tiende, Zeyad, para empuñar el cetro.

ZEYAD

Ese secreto que tu voz revela
un peso enorme al corazón arranca.
Siempre es justa de Dios la providencia,
aunque a veces profunda, impenetrable!

HABIB

¿Dices, señor, que un peso te aligera
del corazón el crimen de Abdalasis?
¿Su ingratitud su aberración celebras,
tú, súbdito leal?

ZEYAD

No, no me entiendes,
ni aquí explicarme puedo.

HABIB

Tu cautela
me confunde, Zeyad.

ZEYAD

(*Con misterio.*)

¡Oh amigo! ¡Escucha!
Cuando tu noble corazón me ruega
que con mi celo del emir la gloria
hoy procure salvar; cuando me alientas
a que animoso al súbdito rebelde
torne a la senda del deber, en esta
mano que ves temblar, guardo un escrito
que otro deber me impone.

HABIB

¡Dilo! ¡Aumentas
mi agitación cruel!

ZEYAD

Toma: en silencio
este pliego examina.
(*Entrega a Habib un pliego que aquel lee con visible asombro y agitación, hasta que se deja caer dando un grito y cubriéndose la cara con ambas manos. Mientras lee Habib.*)
¡Cómo tiembla!
¡Desventurado Habib!
(*Recoge el pliego que dejó caer Habib.*)
Ahora que sabes
a tu que vengo di: ¿qué me aconsejas?

HABIB

(*Con violento estoerzo y voz entrecortada.*)

Dios es justo, Zeyad...! ¡Viva el califa
que del difunto la corona hereda!
Mas, ¡Muza...! ¡Muza...! ¡De la Arabia gloria...! ¡Yo
inclino reverente la cabeza,
y callo y tiemblo. Dios, Dios sólo juzga
a los que son su imagen en la tierra![17]

ZEYAD

¿Luego debo cumplir...?

HABIB

(Con extrema emoción.)
¡Deber es tuyo!

ZEYAD

¡Pero deber atroz!

HABIB

Cuanto más cuesta,
es cumplirlo, Zeyad, virtud más grande.

ZEYAD

(Dudoso.)
Así tu voz me dicta...

HABIB

(Con entereza.)
¡La obediencia!

ZEYAD

¿Y el pueblo y el ejército pasivos

---

[17] Esta idea bíblica (Gen 1:26) no es compartida por los musulmanes. En el Islam, el ser humano es la creación suprema de Dios pero no es su imagen en la tierra.

nos dejarán obrar...?

HABIB

Que nada sepan
hasta la hora solemne. Mucho temo
que el Diván y las tropas resistencia
intenten oponer: aquellos mismos
que todos los obstáculos desprecian
para saciar su furia en la cristiana;
que hoy por doquier frenéticos elevan
 unánime clamor, no sin espanto
lo que ese pliego misterioso encierra
llegarán a entender. Pero cumplido
nuestro deber será.

ZEYAD

Que se prevengan
las huestes de tu mando a sostenerlo.

HABIB

Siempre están prontas a mi voz: no temas.
Mi obligación conozco : sin demora,
mas con prudencia, en todo se proceda,
y hasta tener el éxito seguro
tu fatal comisión oculta sea.

ZEYAD

Sin dilación salgamos del alcázar.
(Sale.)

HABIB

(Siguiéndole con gran emoción y como si luchase con un impulso que le lleva hacia 1a habitación de Abdalasis.)
Omnipotente Dios! ¡De la flaqueza

que esta lágrima arranca de mis ojos,[18]
no me demande tu justicia cuenta!
(Vase.)

FIN DEL ACTO SEGUNDO

---

[18] La metafórica lágrima solitaria representa el supremo sufrimiento de los protagonistas románticos. Ver Russell P. Sebold, "Una lágrima, pero una lágrima sola'. Sobre el llanto romántico."

ACTO TERCERO
CUADRO PRIMERO

Prísión de Don Rodrigo, alumbrada débilmente. Es de noche. El preso, encadenado, estará echado en un banco de piedra.

ESCENA I

Rodrigo, solo.

RODRIGO

¡Qué largas horas! ¡Qué infernal suplicio
sufre mi corazón! El tiempo tardo;
casi inmóvil parece. Nada espero;
e inquieto, sin embargo, y agitado
quisiera apresurar su lento curso.
¿Que nada espero dije? ¡Sí! El descanso
aguardo y pido de la tumba fría,
y en ella anhelo descansar al cabo
de mi azarosa vida. Del silencio
de la callada noche espero en vano
un reposo fugaz: voz misteriosa
cobra el silencio mismo; y resonando
en lo más hondo de mi, pecho triste,
repite sin cesar el eco amargo
del bárbaro agareno: "¡Soy su esposo!
¡Mujer y cetro te arrancó mi mano!"
(Se levanta.)
¡Oh potestad suprema! Mi castigo
mides por tu poder. De mis pecados
tremenda expiación en este día
me da, Señor, de tu justicia el fallo.
Mas siempre grande, al peso de tu enojo
no abates mi valor: por ti elevado
desde el abismo de los males, siento
que nuevo ser en la desdicha alcanzo.

Por ella vuelvo a recobrar el brío
que fue mi gloria en juveniles años,
y ella será crisol de donde salga
limpia mi vida del baldón pasado.
Legue la historia en páginas sangrientas
a la posteridad mi nombre aciago;
mas tú, supremo juez, que el alma miras
y los dolores hórridos y largos
 que en esta, acaso, mi postrera noche,
el corazón acepta sin espanto,
mitiga tu rigor con mi martirio
y a España mira compasivo y blando;
que el almo sol, que en tus esferas brilla,
no iluminó con sus fecundos rayos
otra región tan deliciosa y bella,
ni pueblo tan heroico y desdichado.
(Vuelve a echarse en el banco: un momento de silencio.)
Nadie aparece: mi enemigo impío
lento se muestra en realizar su amago
ebrio de amor y de placer, su pecho
todo lo olvida de la dicha en brazos.
Pero tiene también la desventura
calma benigna en su supremo grado;
y tras su luengo padecer se rinde
el corazón al plácido letargo.
(Comienza a adormecerse.)
Es breve muerte el sueño..., dulce alivio
del infelice... Su beleño grato,
entorpeciendo al pensamiento, deja
suspenso el triste y velador cuidado.

ESCENA II

Rodrigo. Caleb, que abre una puerta del foro y
aparece con una tea en la mano.

CALEB

¡Aborreciendo duerme...! ¡Si un engaño
acogió mi esperanza...! ¡No! Resuenan
en mis oídos los acentos claros
de su indignada voz, cuando decía:
¡Soy tu enemigo: te aborrezco tanto
que seguro no estás si yo respiro!
Así lo dijo, y no podrá olvidarlo.
(Examinando la prisión.)
¡Silencio, soledad, muros espesos...!
¡Todo es propicio...! Con su negro manto
cubre la noche las tinieblas frías
de esta horrible mansión, que convidando
parece estar a los misterios tristes.
Suspira el godo...! ¿Si me habrá escuchado...?
(Se acerca a Rodrigo.)
Dormido está, pero su inquieto sueño
del corazón revela el sobresalto.
No sabe el infeliz que su existencia
es preciosa a Caleb. Que por mandato
(con risa feroz y amarga)
de una boca divina, aquí me trae
generoso designio. ¡Nunca el hado
tan propicio me fue! ¡Bella Egilona!
Tú mi escudo serás, si golpe en vago
descarga mi rencor. De ti venganza
no ha de tomar el dueño enamorado
contra el cual te rebelas; y si, logro
vengar mi amor por mano del cristiano
que me ordenas salvar..., el instrumento
cuando una vez sirvió se hace pedazos;
y tú quedas, ¡oh hermosa!, aborrecida
del pueblo musulmán, sin otro amparo

que el de mi compasión. ¡Llegó la hora!
¡Basta de duda y de temor insano!
¡Oh genio del rencor! !Dame tu auxilio!
(Despertando a Rodrigo.)
¡Sacude el sueño, miserable esclavo! ¡Despierta!

RODRIGO

Quién habló...! ¿Qué mano osada
tocó mi frente…? ¡Tú!

CALEB

¡Sí! ¡Yo te llamo! ¿No me conoces?

RODRIGO

¡Su semblante...! ¡Cierto!
A1 frente tu miré de los soldados
que me trajeron a este sitio oscuro.

CALEB

Soy jefe de la guardia del palacio,
y *vengo...*

RODRIGO

¡Lo adivino! Estoy dispuesto:
¿dónde debo morir?

CALEB

¡Morir...! No trato
de atentar a tu vida.

RODRIGO

¿Pues qué quieres?

CALEB

¡Salvarte!

RODRIGO

¡Tú!

CALEB

¿Lo dudas? ¿Tan extraño
te parece, español, que un agareno
pueda ser compasivo?

RODRIGO

Si; me pasmo
de que tu dueño olvide en su locura
que no es posible respiremos ambos.
El uno de los dos sobra en la tierra.

CALEB

Mas no eres tú.

RODRIGO

¿Te burlas? Pues contrario
el destino me fue; pues prisionero
me encuentro en su poder, y él con el mando,
¿cómo pudiera contrastar su suerte?

CALEB

¡Tú le aborreces!

RODRIGO

¡Ah! ¡Si en pecho humano
odio mayor cupiese…!

CALEB

¡Te comprendo!
No digas más: que en tu semblante hallo
la luz del fuego que en el pecho sientes.
¿De Abdalasis tal vez algún agravio

recibiste, cristiana? No detestes
al vencedor en él: mayor, más alto
origen tiene tu profunda saña.

RODRIGO

¿Y qué te importa?

CALEB

Godo, no me afano
por descubrir secretos que me niegan;
pero has logrado interesarme tanto que mitigar
anhelo tus pesares.

RODRIGO

Algo quieres de mí: ¡con ese halago qué perfidia
disfrazas? ¡Dila pronto!

CALEB

¿Perfidia? ¿Tal sospecha das por pago
a mi piedad sincera? Mas no intento
que a ella sola tributes engañoso
profunda gratitud: vengo a salvarte
obedeciendo superior mandato.

RODRIGO

¡Quiere el emir que viva!

CALEB

No: que ordena
que en este calabozo sepultado
quede esta noche tu cadáver.

RODRIGO:

¡Cierto!
tú el verdugo serás, pues ya reparo
en tu cinto el puñal.

CALEB:

¡Vengo a salvarte!
Tercera vez lo digo: presto y franco
quiero explicarme, escúchame: tu vida
una mujer augusta a mi cuidado
encomendó benigna: por su orden
del borde del sepulcro tu separo.

RODRIGO

¿Una mujer mi vida te encomienda?
¡Su nombre di! ¡Su nombre te demando!

CALEB

¡Egilona!

RODRIGO

¡Gran Dios! ¡La reina goda!

CALEB

La viuda de Rodrigo, ¡sí! Con llanto
oyó, cristiano, la sentencia dura
que pronunció el emir, y con recato
prudente luego me ordenó su boca
hacer por ti lo que ejecuto exacto.

RODRIGO

¿Mas no está unida al agareno infame?
¿Frágil, culpable, de su gloria en daño
no dio su mano al bárbaro enemigo
que el cetro godo quebrantó a pedazos?
¡Responde, musulmán!

CALEB

Con esas voces,
trémulas de furor, me has revelado
la causa grave del profundo encono

que guardas al emir. En alto rango
has nacido sin duda: sangre ilustre
circula por tus venas: cual cristiano
celoso de tu culto, y cual altivo
y encumbrado español, el triste lazo
con que la viuda de tu rey se liga
a su vil destructor, ves con espanto.
Es noble y justa tu profunda pena,
pues la ominosa unión es un escarnio
que de la gloria de la estirpe goda
hace en España el vencedor ufano.

RODRIGO

¡Escarnio, sí, que con su sangre impura
gota a gota vertida, no borrado
quedará dignamente! ¡Vil ultraje
que a encarecer y a maldecir no basto!
¡Execración a la mujer impía
que alarde haciendo de su amor liviano,
le eleva altar en míseras ruinas
del solio godo y los blasones patrios!

CALEB

Severo juzgas a la triste reina
que, en su viudez y estéril desamparo,
inútilmente resistió animosa
a un vencedor ardiente y temerario.
Cedió por fin, salvando su decoro
de un ultraje mayor. Tus graves cargos
no merece Egilona, pues debieras
sólo acusar sus enemigos hados,
y al indigno opresor que en este día
un triunfo goza que con lloro amargo
paga, tal vez, la víctima infelice.

RODRIGO

¿No lo ama, pues? ¿No lo ama...?

CALEB

Lo contrario
lo aborrece sin duda: su cadena
quisiera quebrantar, y si una mano
hallara la infeliz, que generosa
le prestase su auxilio... ¡Mas yo callo
súbito, del emir no me conviene
este lenguaje usar, y a ti olvidarlo
la prudencia te dicta.

RODRIGO:

¡La prudencia
cuando me habla el honor! ¡Cuando me inflamo
en ira, en odio...! ¡Musulmán! La vida
que vienes a salvar, en holocausto
te rendiré gozoso, si a Egilona
ver un instante con tu auxilio alcanzo.

CALEB

¡Ver a Egilona...! Natural y justo
es que ambiciones expresarla cuánto
tu noble pecho su favor estima.
Lo comprendo muy bien: mas tan osado
no te juzgo, cristiano, que te atrevas
a arrostrar mil peligros por lograrlo.

RODRIGO

Ninguno me amedrenta.

CALEB

Mas escucha
una advertencia necesaria: acaso
no esté sola la reina; que el esposo,
ávido de gozar hechizos tantos,
no habrá podido en soledad dejarla,
y en este instante a su amoroso lado...

RODRIGO

¡Oh! ¡Calla! ¡Calla!

CALEB

El pundonor te agita
cual pudiera el amor, y yo me aplaudo
de hallar en ti tan dignos sentimientos;
mas el recelo que expresé fundado
es por desgracia. El ominoso yugo
a que su cuello sometió temblando
la infeliz Egilona, la prohíbe
alzar la voz para llorar su agravio,
y mísera juguete del capricho
del ciego joven...

RODRIGO

¡No! Que aún no ha cesado
de palpitar en mi encendido pecho
un noble corazón : no está mi brazo
privado .aún de movimiento... Nunca
impunemente el árabe inhumano
hollará torpe la virtud... ¡Qué digo!
¡Ridículo furor! Yo le amenazo
inerme, preso... ¡Bárbara cadena!
(Sacudiendo furioso sus cadenas.)
¡Este fuego voraz en que me abraso
tus eslabones derretir no puede!

CALEB

Pero puede mi mano quebrantarlos
y a eso he venido, godo, no lo olvides.
Soy jefe de la guardia del palacio;
no lo olvides tampoco; partir debes
dentro de algunas horas; libre campo
puedo abrir a tu fuga; si cual creo
eres prudente y atrevido, un lauro
hoy a tu frente ceñirás.

RODRIGO

Al punto
 llévame, musulmán, y aunque mis pasos
el mismo infierno detener quisiera
abriendo sus abismos, no me espanto.
Ver a la reina, libertarla debo
a cualquier precio.

CALEB

¡Bien! Y yo en tu mano
pongo este acero, cuyo rudo golpe
(le da un puñal)
nunca la mía descargara en vago.
Este pliego que ves entrada libre
en el alcázar te dará: guiado
por mí serás a la secreta estancia
da con la reina, o sin la reina, incauto
el emir presto buscará reposo.
¡Libra a Egilona como buen vasallo!
Cumpliendo su mandato te liberto,
y el amor del emir la pone a salvo
de su venganza fiera, si el destino
hoy se presenta a tu anhelar contrario.
Ella a los dos nos servirá de escudo:
en tu prudencia, en tu valor descanso.

RODRIGO

Salvarla quiero: de mis brazos caigan
 estos hierros infames: cual el rayo
rápido mi furor, hiera, devore
al enemigo vil. ¿Cómo dilato
su castigo cruel...? Siento la sangre
mis venas, abrasar... ¿Cómo no lavo
con la suya el baldón...? Corra a torrentes:
ya la demanda los iberos campos,
y el lecho y trono que manchó su crimen,
de esa sangre también están avaros.

Yo solo, solo yo verterla debo...
Ardiendo está el puñal; mas apagarlo
quiero en su corazón... ¿quién me detiene?
¿quién...? ¿dónde me hallo...?
¡Estos hierros aún!

CALEB

(Quitándole la cadena.) Quebrados sean;
que yo te escucho, en tu furor me inflamo,
y sediento también su sangre pido.

RODRIGO

Su sangre: ¡sí! ¡su sangre!

CALEB

Con su opaco
velo la noche tu camino cubre.
Muda su voz, los fúnebres arcanos
nunca vendió de la venganza impía,
y siempre fue del asesino amparo.

RODRIGO

(Estremeciéndose.)
¡Del asesino!

CALEB

¡Ven! Ya están deshechos
tus férreos lazos, y el puñal tu mano
trémula empuña: que al eterno sueño
pase el que duerme del amor en brazos.

RODRIGO

¡El que duerme...! ¡Mas yo...! ¡Yo el asesino...! ¡Yo
me quiero vengar asesinando...!
¡Así las faltas de mi vida borro!

¡Así soy español! ¡Así cristiano![19]

CALEB

¡Qué miró! ¡tú vacilas…! ¿tú, cobarde,
el certero puñal de que te armo
dejas inútil en la ociosa diestra?
¿Pasó ya tu furor?

RODRIGO

Jamás con tanto
ímpetu me abrasó de este recinto
salgamos presto, y yo sabré probarlo.
Mas toma tu puñal: no es esa el arma
(arrojándolo, Caleb lo recoge)
que está avezada a manejar mi mano.

CALEB

¿Mas qué pretendes?

RODRIGO

Tus ofertas cumple,
dame la libertad, que yo a mi cargo
tomo la justa y rápida venganza.
¿Está extinguida para siempre acaso
la raza goda que en gloriosos días
quebrantó el cetro del poder romano,
y vio temblar atónita la Europa
al galope fatal de sus caballos…?
¿Murió tal vez con su postrer monarca

---

[19] Con estas frases se identifica el concepto de la monarquía goda, la identidad española y la religión cristiana. Es un anacronismo, pues no existía en aquel entonces el concepto ser "el español" en sentido etno-cultural en que lo utiliza la autora.

de Turismundo[20] el pueblo denodado?
¿La España entera, cual su trono augusto,
ha sepultado el Guadalete infausto...?
¡Vive la Patria, aunque infelice! ¡Vive,
y el momento solemne está aguardando
en que las nubes que su gloria cubren
rasgue al lucir de su venganza el astro!

CALEB:

¡Mas dónde están los fieros vengadores!

RODRIGO

Déjame libre, y yo sabré buscarlos.

CALEB

¡Necia esperanza a importuno ruego!
Vuelve en tu acuerdo, pues benigno le abro
camino a tu rencor, no lo desprecies
por acoger tus sueños insensatos.
El tiempo vuela; decidirte es fuerza.
Piensa en tu reina, miserable blanco
de injustos odios y de amores torpes.
Recuerda que tal vez su pecho casto,
en este instante, sucumbiendo al miedo,
asilo presta al opresor tirano.

RODRIGO

¡Vil tentador! ¡Aparta! Nunca, nunca
instrumento de infame asesinato
esta mano será. ¡Dame otro medio!

CALEB

El único que existe te señalo:

---

[20] Turismondo fue el rey de los visigodos entre los años 451 y 453. Veía su reino como una entidad independiente de Roma.

no hay otro; presto tu elección decida.

RODRIGO

Si me sacas de aquí, yo solo basto...

CALEB

La libertad rechazas.

RODRIGO

¡El delito!

CALEB

¡O matar o morir es necesario!

RODRIGO

¿No prometiste...?

CALEB

Libertar tu vida;
mas otra vida demandaba en cambio.
No hay otro medio, ¡Godo! Lo repito
o matar o morir.

RODRIGO

Tu pecho falso
dejas en descubierto; ¡Te comprendo!
Era tu objeto por ajena mano
satisfacer, cobarde, tus rencores,
y los tuyos vengar, no mis agravios.
Aborreces al dueño que te manda;
mas en tus iras, como vil esclavo,
la impunidad con la venganza buscas.

ESCENA III

Dichos. Egilona

(Egilona aparece por donde antes Caleb, y se detiene un momento.)

CALEB

(Sin verla.)
Poco me importa lo que dices, cuando
no ha de poder tu boca repetirlo.
Aborrezco al emir, tu has acertado;
instrumento buscaba de mi rabia
en ti, que por tu mal con un engaño
lograste seducirme; nada niego.
¿qué más quieres saber? ¡Alegre, ufano
de conocer mis sentimientos, baja
al reino de la muerte a revelarlos!
(Le va a herir, y Egilona se lanza en medio.)

EGILONA

¡Detente, infame

CALEB

(Retrocediendo.) ¡Bárbaro destino!

EGILONA

Sal al punto, traidor; ¡yo te lo mando!

CALEB

De tu esposo las órdenes respeta:
sumiso a mi deber, de aquí no salgo,
que así lo manda aquel a quien venero.

EGILONA

Están en estas bóvedas zumbando
los acentos infames, que del alma

sacó a tu boca vil el arrebato
de tu ciego furor. Mas no una tumba
los ha de sepultar: ¡No, desdichado!,
que a descubrir tus pérfidos designios
la justicia de Dios aquí me trajo.
Y tú, español... ¡Oh cielos...! ¡Tú...! Mis ojos
ofuscados tal vez...

RODRIGO

No; no es engaño
de tu mente turbada: ¡Oh Egilona!
¡Mírame bien!

EGILONA

(Retrocediendo con espanto.)

¡Fantasma despiadado!
 ¡Siempre, doquier, habrás de perseguirme...?
¿Tu perpetuo furor jamás aplaco?

RODRIGO

¡Egilona!

EGILONA

¡Piedad!

RODRIGO

No del sepulcro
me levanto, mujer: cese tu pasmo.
Aquesta mano que la tuya tuca,
la misma es que en duradero lazo
con ella se estrechó.

CALEB

¡Cielos!

EGILONA

(Cayendo de rodillas.) ¡Rodrigo!

RODRIGO

Nos junta Dios al fin: su nombre santo
bendice el corazón.

CALEB

¡Qué estoy oyendo!
¡Vive Rodrigo! Tu capricho alabo,
voluble suerte, que al hundirme operas
en mi favor tan súbito milagro.

RODRIGO

Levanta, ¡oh Egilona!, que en mi pecho,
 más que acerbo rigor, la piedad guardo
que tu suerte merece.

EGILONA

Mi vergüenza
aquesta tierra, do mi rostro abato,
debiera sepultar en sus entrañas.

RODRIGO

¡Desdichada mujer!

EGILONA

Dicte tu labio
la pena de mi crimen.

RODRIGO

¡Te perdono!

EGILONA

¡Me desprecias tal vez...!

RODRIGO

¡Yo...! ¡Te idolatro!
(La levanta en sus brazos.)

CALEB

¡Oh rabia! ¡Oh celos! Vacilar no debo;
¡salvarme quiero y que perezcan ambos!
(Vase.)

ESCENA IV

Rodrigo. Egilona.

RODRIGO

¿Por qué en mis brazos tiemblas, y abundoso
corre en mi pecho tu encendido llanto?
Cálmate, ¡oh Egilona! Si prudente
de tu flaqueza el pensamiento aparto;
si los embates de terribles celos
con firmeza tenaz sufro y rechazo;
si por hallarte el corazón disculpa,
exagera tal vez tu desamparo
y del vil opresor la tiranía;
¿por qué, repito, tu fatal quebranto
de mi memoria disipar no deja
el recuerdo cruel con que batalla?

EGILONA

Culpable soy, señor; más si tus ojos
pudiesen ver de mi.
Si supieses.. desdicha el cuadro...

RODRIGO

¡Lo sé! Víctima fuiste
de un tirano feroz, que atropellando
tu decoro real...

EGILONA

A Dios pluguiese
que entonces a mi vista torpe y bajo
se mostrara, cual es; mas las virtudes
supo fingir que excitan entusiasmo.
Grande le vi; magnánimo, sincero,
encendido en amor sumiso y casto.
¡Hipócrita mintió! Que era culpable
y adúltero su fuego; sepultado
allá en su aleve corazón tenía
de tu vida el secreto, y en tu daño
afilaba el puñal. La providencia
salva mi honor, mas deja destrozado
para siempre mi pecho. Soy tu esposa:
aún puedo sin vergüenza pronunciarlo[21]
mas castiga, señor, castiga justo
de un débil corazón el torpe engaño.
Deslumbrada...

ESCENA V

Los mismos. Abdalasis. Caleb. Árabes con hachas encendidas en las manos.

CALEB

¡Allí están!

EGILONA

(Al ver a Abdalasis.) Monstruo, ¿qué buscas...?

RODRIGO:

Busca a su presa: llega sin reparo,
emir de España: la sentencia cumple
que torpe y necio retardó tu esclavo.

---

[21] Egilona sugiere que su unión con Abdalasis no fue consumada.

¡Descarga el golpe!

ABDALASIS

(Desnudando la espada, y precipitándose hacia Rodrigo.)
Sí; ¡nada respeta
el torrente que corre desbordado...!
¡Todo el infierno en mis entrañas siento,
y en sed de sangre y de delitos ardo!
¡Muere!

EGILONA

(Abrazándose a Rodrigo.)
¡Asesino! Por mi seno debes
a tu espada buscar sangriento paso.

ABDALASIS

(Fuera de sí)
Tú, desdichada, a mi pesar me arrastras
al abismo del mal: no, no combato
contra el destino que me acosa: ¡mueran
él y tú misma...! ¡Tú!

EGILONA

Menos malvado
serás, cruel, al destrozar mi seno
que al engañar mi corazón incauto.
Sacia tu rabia; la vergüenza venga
de ver que han sido tus intentos vanos,
y que a despecho de tu amor funesto
a la tumba por fin sin mengua bajo.

ABDALASIS

¡Separarlos, Caleb!

EGILONA

Ni el mundo todo
ya podrá separarme de sus brazos:
uno mismo será nuestro destino:
hiere de un golpe el corazón de entrambos.

RODRIGO

Ya la oyes, musulmán: ¿qué te detiene?
Pues no has de ver tus votos coronados
satisface tus iras; mas no imprimas
la mancha de un infame asesinato
en ese acero limpio, que sin duda
ya logre conseguir triunfos más altos.
El puñal toma del verdugo inicuo
que en cumplir su deber ha sido tardo;
ese puñal que su nobleza digna
con laudable intención puso en mi mano
y que ya fuera huésped de tu pecho,
si supiera Rodrigo manejarlo.

CALEB

¡Mientes, cristiano!

RODRIGO

¡Calla, miserable!
(A estas palabras que pronuncia Rodrigo lleno de imperiosa dignidad, Caleb, turbado y confuso, baja los ojos, y, Abdalasis le fija una mirada penetrante y escrutadora.)

EGILONA

Yo a la faz de los cielos tu delato
como traidor y vil. En mi martirio
(dirigiéndose a Abdalasis)
puedes gozar, ¡cruel!, mas a ese esclavo
aparta de mi vista, y por tu vida
vela, que la traición te está acechando.

CALEB

(Confuso y con voz trémula.)
Con tal astucia sorprender intentan,
¡oh emir!, tu corazón..., mas atajado
el falso acento en sus gargantas quede.

ABDALASIS

(A Caleb.)
¡Al punto sella el atrevido labio!
Y tú, Egilona, mis pisadas sigue:
así tal vez mi enojo mitigando
podrás salvar la vida de ese godo.
No cual presumes corazón de mármol
en este pecho encierro: que si ahora,
ciego, agitado, a comprender no alcanzo
aun lo mismo que siento, yo tu juro
que tu honor y su vida respetando,
a mi razón consultaré.

RODRIGO

Mi vida
en tu poder está: su honor, en tanto
que respire mi pecho, ¡yo lo fío!

EGILONA

Y muerta o viva, de mi esposo al lado
ya siempre me verás.

ABDALASIS

¡Oh lucha impía!
¡Qué más quiere de mi, cielo tirano!

ESCENA VI

Dichos. Un Paje.

PAJE

¡Invicto emir! En férvido tumulto
se agolpan a las puertas del palacio
los musulmanes: con tu guardia pugnan
furiosos por abrirse libre paso
hasta tu estancia venerada.

ABDALASIS

¡Cómo!
 ¿Y qué demandan? ¡Qué!

PAJE

Cual océano
que hierve al soplo de contrarios vientos,
un rumor sale pavoroso y largo
de la compacta multitud; mas sólo
he podido entender... (¡de pronunciarlo
me avergüenzo, señor!) que en su demencia
una víctima piden.

CALEB

(Aparte.)
Sus amagos
realiza Habib.

ABDALASIS

¡Gran Dios...! El nombre dime de la víctima
presto..: ¿El mío acaso...?

PAJE

El de tu cara esposa.

ABDALASIS

¡Miserables

CALEB:

Propicia es la ocasión, no la perdamos. (Vase.)

(Se oye un rumor de voces sordo y confuso.)

PAJE

¿Mas no me engaño...? ¡El alarido ronco
llega, señor, a este hondo subterráneo!
¿Será que en el alcázar los traidores
han penetrado ya?

ABDALASIS

¡Voy a encontrarlos!

EGILONA

¡Tente, tente, señor...! Ellos te excusan
de un crimen el borrón: yo sola causo
ese tumulto; mi cabeza piden;
dásela, quede su furor saciado
y libre tú de la penosa lucha
que agora está tu pecho destrozando.
Mi muerte quieren: yo también la anhelo:
 no intentes resistir a un pueblo insano.

ABDALASIS

¡Cesa, Egilona, por piedad...! ¡Rodrigo!
Yo vuelvo a defenderla... ¡Mas si al fallo
sucumbo en el destino..., si ese pueblo
sobre el cadáver de su emir pisando
osa aquí penetrar..., de sus ultrajes,
de su brutal furor, mísero blanco,
no dejes a Egilona. Yo mi acero
dejo en tu diestra..., y a tu esposa al lado!

(le da su espada.)

Igual será de nuestro amor el signo
si hoy por salvarla perecemos ambos.

(Se marcha con los árabes.)

RODRIGO

(Sosteniendo a Egilona con el brazo izquierdo y blandiendo con el otro la espada del emir.)
¡A ti, y a todo el mundo desafío! ¡Que vengan a arrancarla de mis brazos!

EGILONA

(Siguiendo con 1u vista al emir. Toda la Escena muy viva.)

¡Ah! ¡Va a morir...! Mas tú, Rodrigo, huye
de este lugar, de confusión teatro;
pues a favor del general desorden
puedes ponerte del peligro a salvo.

RODRIGO

¿Cómo la fuga soportar pudieras?

EGILONA

¡Huye sin mí!

RODRIGO

¡Sin ti...! ¡Calla!

(Crece el ruido y se aproxima.)

EGILONA

(Enajenada, y postrándose a los pies de Rodrigo.)
No callo,
que con, mayor empeño lo repito.
Huye, por Dios, mi vida abandonando,
que no es digna, señor, de que la salves

a precio de tu sangre pues la infamo
en este mismo instante que a tus plantas
temblar me ves, y en el incierto labio
los votos sofocar que por el monstruo
que tu pecho amagó, culpable hago.

RODRIGO

¡Qué votos...! ¡Tu temor...!

EGILONA

¡No es por mi vida!

RODRIGO

(Con acento trémulo y terrible.)
¿Pues por quién...?

EGILONA

Por la suya... ¡Yo le amo!

RODRIGO

¡Amas al musulmán...!

EGILONA

¡Ese es mi crimen!
Sálvate tú, señor, que castigado
será muy pronto mi culpable pecho
cual ya te anuncia el popular amago.

RODRIGO

(Con desesperación.)

Esto faltaba, ¡oh Dios...! ¡Del cáliz mío
apuro ya por fin el dejo amargo!

EGILONA

(Levantándose.)

Se aproxima el rumor... Si: por su presa
el pueblo viene cual furioso alano...
¡Huye, Rodrigo, si aún es tiempo, huye,
o sin salvarme morirás ...! ¡Yo salgo!

(Va a lanzarse al encuentro de los amotinados, cuyas voces suenan cada vez más cerca, y Rodrigo la detiene y dice con desesperación los últimos versos del cuadro.)

RODRIGO

¡No! Que la Arabia con sus tribus venga;
¡quiero morir; pero morir matando!

(Cae el telón entre el indignado clamor del pueblo.)

CUADRO SEGUNDO

Vista de los interiores de una mezquita: sobre un pedestal de mármol ondea el estandarte del profeta, a cuyo pie se ven una espada desnuda y el libro del Corán. A1 foro hay dos puertas, y arcas laterales sostenidas en columnas árabes que se supone conducen a las puertas principales del edificio.

ESCENA I

Habib. Zeyad, entrando por una de las puertas del foro.

ZEYAD

Entremos, caro Habib; nada interrumpe
del silencio la calma: está desierto
el sagrado recinto tudavía.

HABIB

En breve del Almuédano los ecos
oiremos resonar, pues ya la aurora
va disipando los noctornos velos.

ZEYAD:

Mas la costumbre del emir conoces;
a la mezquita acudirá el primero
a bendecir la luz del nuevo día.

HABIB

Acaso, amigo, en balde lo esperemos.

ZEYAD

¿Piensas tal vez que sospechar pudiera...?

HABIB

No, Zeyad, no; que el fúnebre secreto.

nuestra prudencia impenetrable guarda.
¿Mas por ventura ignoras el suceso
que en el alcázar detenerle puede?

ZEYAD

Nada sé, digno amigo; que mi celo
meditando tan sólo en el designio
que el deber nos impone, sin sosiego
toda la noche en soledad velando
me ha tenido.

HABIB

Zeyad: yo del empeño
grave, solemne, como tú afanoso
me ocupaba también: todo dispuesto
lo tiene ya mi vigilancia activa.
Mis huestes; el Diván; del sacro templo
los ministros sublimes...; todos saben
la obligación que les impone el cielo,
y cumplida será. Mas a mi oído,
en medio del afán que tan inquieto
me tuvo sin cesar, llegó una nueva
que nadie acaso ignorará en el pueblo,
sino tú.

ZEYAD

¡Dila!

HABIB

Sé que en la alta noche
un impulso siguiendo, que confieso
haber dado yo mismo, cuando el fallo
ignoraba, ¡ay de mí!. que el triste pliego
luego me reveló, se vio el alcázar
por un tropel cercado de agarenos,
que anhelando salvar la gloria excelsa
del desdichado emir, con ronco acento

y amenazantes voces demandaban
la sangre de la goda.

ZEYAD

          ¿Mas su empeño
qué resultado tuvo?

HABIB
¡Yo lo ignoro!

Aún duraba el tumulto cuando al templo
la empeñada promesa me condujo.
La tuya cumples, pues en él te encuentro,
y sabedor de lo que pasa, pido
que me ilumine tu leal consejo,
y sin mudar de plan...

ZEYAD

Pero las tropas...

HABIB

A una voz llegarán; cerca las tengo.

ZEYAD

Los que al emir adoran, no lo dudes,
son muchos, caro Habib.

HABIB

          Se dice empero
que por su propia guardia abandonado
esta noche se vio... Tal vez incierto
ese rumor será: ¿mas qué recelas,
asegurando el éxito el misterio
con que a la ejecución nos preparamos?

ZEYAD

Los iniciados mismos...

HABIB

        Yo por ellos
respondo, amigo; su reserva fío:

ZEYAD

Siento rumor: ocúltate.

(Se ocultan entre la columnas de la izquierda del actor.)

HABIB

        Cubierto
y receloso un hombre se aproxima
entre aquellas columnas.

ZEYAD

        Sí, lo observo.

ESCENA II

Dichos. Caleb.

(Los interlocutores anteriores se ocultan tras una columna de la izquierda del actor. Caleb aparece por la derecha, acercándose al pedestal que sostiene el estandarte.)

CALEB

Prestarme pueden los sagrados muros
asilo momentáneo. De mi riesgo
el anciano Muftí compadecido,
tal vez amparo me dispense: aliento
podré tomar al menos, aguardando
el éxito del sacro juramento
que pronunció el emir: ¿podrá cumplirlo?

Muy pronto se sabrá.

HABIB

(A Zeyad.)

    Conocer pienso
al hombre que se oculta: no me engaño;
se acerca, y es Caleb; salir podemos;
de su venida indagaré la causa,
y del motín el resultado cierto.

ZEYAD

Útil nos puede ser aquese moro.

CALEB

(Retrocediendo al ver a Zeyad y a Habib, que se le acercan.)

¡Alguien habla! ¡Dos hombres...! ¡Me estremezco A
   estas horas...!

HABIB

¡Caleb!

CALEB

    ¡Oh Habib! ¡Bendito
el instante feliz en que te veo!
Inútilmente te busqué esta noche
en medio del tropel: mas di, ¿podremos
permanecer aquí? ¿No habrá peligro
si llegando el emir...?

HABIB

    Caleb con tiempo
te podrás ocultar, si te interesa
su presencia evitar; pero te ruego
nos digas pronto el término que tuvo
 el popular arrojo.

CALEB

          No te creo,
señor, artificioso; mas extraña
esa ignorancia me parece, siendo
tú mismo jefe del tumulto.

HABIB

          Juro
que en él no estuve; pero no te niego
que yo a excitarlo contribuí, y ansioso
su resultado conocer anhelo.

CALEB

¡Oh! ¡Qué noche, señor! Dichoso eres
si no te viste como yo revuelto
en el tropel insano: resistía
tenaz la guardia los embates fieros
de la iracunda multitud, que acaso
cediera al fin con torpe desaliento,
si yo; por otro riesgo compelido,
no acudiera veloz con mi denuedo.
Mas tu nombre invoqué; con altas voces
hice entender que el popular objeto
era salvar la gloria de Abdalasis
y respetarlo siempre: que sus riesgos
únicos eran los infames pactos
que de su amor en el delirio ciego
con los viles cristianos celebraba
que las gracias tal vez sus labios mismos
nos diesen pronto por haber quitado
ante sus pasos el fatal tropiezo
que despeñarlo puede en un abismo.
De mis palabras el feliz efecto
en breve contemplé: la guardia toda
cesa de resistir: penetra el pueblo
sin encontrar obstáculos: lo guía
mi airada voz al calabozo horrendo

do se oculta la goda, que reclamo
jurando ser su ejecutor sangriento.
Ya el momento tocamos, pues en balde
 frenético el emir se lanza en medio
con la espada desnuda, y amenaza
con ronca voz y formidable gesto.
Del tumulto cercado y oprimido,
bañado de sudor, roto el acero,
se encuentra al fin.

HABIB

Y entonces...

CALEB:

          Determina
a su esposa salvar a cualquier precio,
y jura por su honor que al sacrificio
de su fatal pasión está resuelto;
que sólo exige no manchar con sangre
de una débil mujer, el lustre terso
del nombre musulmán.

ZEYAD

          ¿Mas la cristiana
qué destino tendrá?

CALEB

          su juramento
sólo asegura que el infausto lazo
que con ella le unió será disuelto.
Con esta condición al pueblo aplaca,
cesa el clamor y aléjase disperso
el grupo inmenso que invadió al palacio,
y que yo en vano detener intento.

HABIB

Y por qué detenerlo

CALEB

        Porque dudo
cumpla el emir su oferta, porque temo
que pasado el peligro su venganza no
tardará en caer, y yo el primero
seré inmolado.

HABIB

¡Tú!

CALEB

Y has de seguirme si no me engaño, Habib.

HABIB

De ese recelo libre puedes estar; que yo lo fío.
¿Mas no vendrá el emir, cual suele hacerlo,
á la oración de la mañana?

CALEB

        Nada
puedo saber, señor, aunque sospecho...

HABIB

¡Calla...! Un rumor de pasos y de voces pienso
        escuchar.

ZEYAD

        ¡Caleb! Síguenos presto.

CALEB

¿Algún asilo tienes do seguros...?

ZEYAD

¡Guarda silencio y obedece!

HABIB

¡Cielos! ¿El instante fatal habrá llegado?

ZEYAD

Por esta puerta sin demora entremos.

(Se van los tres por la puerta del foro por donde entraron antes Habib y Zeyad.)

ESCENA III

Abdalasis, el Paje,

por las columnas de la derecha del actor.

PAJE

No es prudencia, señor, que solo salgas
hoy del alcázar; pero ya lo has hecho
y únicamente te suplico dejes
que marche a prevenir a los guerreros d
e cuya lealtad seguro te hallas.

ABDALASIS

Prevenidos están: con ellos cuento
mas calma tu temor; ningún peligro
corro yo, ¡paje fiel! Por otro objeto
mis inquietudes son, y de ellas libre
quedaré en breve. ¡Sí! Fatal sosiego
muy pronto gozaré... ¡Cuán venturoso
fuera!, ¡ay de mí!, si en anhelar perpetuo
vivir pudiera; ¡mas por ella siempre!

PAJE

No comprendo, señor.

ABDALASIS

              ¡Tú, que un momento
no me has abandonado; que más digno
eres de mi cariño, de mi aprecio,
que los amigos pérfidos que tanto
han lastimado mi sensible pecho...!
Tú, pobre joven, hoy serás testigo
de un sacrificio doloroso, inmenso,
que a la virtud tributo. Si algún día,
cuando yo yazga en el reposo eterno,
con vil calumniar, se mancilla el nombre
de tu triste señor, cuenta el esfuerzo
terrible, heroico, que verán tus ojos,
y haz que enmudezca el detractor acento.

PAJE

¿Quién podrá calumniar tu virtud pura?

ABDALASIS

Retírate un instante, que orar quiero
mientras llegan las huestes y..., los godos,
que aguardo aquí.

PAJE

              Señor, velando quedo
en esa puerta.

ABDALASIS

              Bien; mas antes dime:
¿los dos cautivos cuyos duros hierros
quebrantó ayer mi mano, se encontraron
en Sevilla?

PAJE

           Sí, emir: y yo, cumpliendo
mi comisión secreta, los conduje
hace un instante a la mansión del preso.
Aquí vendrán con él y con tu esposa
cual lo ordenó, señor, tu propio acento.

ABDALASIS

Ve y aguárdalos.

(vase el Paje, y Abdalasis se arrodilla al pie de la columna.)

           ¡Dios! ¡Dios soberano,
cuya mano sostiene al universo!
¡Tú, que con ojos paternales miras
desde el monarca hasta el humilde insecto,
y al corazón de los mortales mandas
cual al voluble mar y al vago viento;
fortalece, señor, el alma mía
y aliénteme tu voz, si desfallezco
al consumar el sacrificio crudo
que la austera virtud me está pidiendo!

           (Se levanta.)

PAJE

           (Volviendo.)

Invicto emir, ya llegan los que aguardas.

ABDALASIS

           (Apoyándose en la columna.)

¡Un helado sudor baria mis miembros...! ¡Mí cabeza
           se turba...! ¿Podré verla y sin morir...?
           ¡Ya llegan...! ¡Santo cielo! ¡Sostén mi
           esfuerzo, que sucumbe!

ESCENA IV

Dichos. Rodrigo. Égilona. Los dos Godos del acto primero. Guerreros árabes.

EGILONA

(Al entrar.)

¡Toda
la sangre al corazón acudir siento!
¡Allí está...! ¡Justo Dios! ¿Con qué designio
a este lugar nos llama...? No lo acierto.

ABDALASIS

(A los Guerreros y Paje, señalando a la derecha suya.)

Esas puertas guardad: que nadie ose
penetrar hasta aquí. ¡Oh instante fiero!

(A Rodrigo y Godos.)

¡Llegad vosotros!

(Se van los guerreros.)

RODRIGO

De mi suerte el fallo
diga breve tu voz, pues nada entiendo
de cuanto veo y oigo: nos conducen
tus guerreros aquí, que según pienso
es un recinto para ti sagrado;
mas callan con tesón, y tus intentos
no alcanzo a penetrar. ¿Será que juzgas
que el vapor de mi sangre, cual incienso,
tu falso Dios aceptará propicio
si la derramas en su altar cruento?

ABDALASIS

El Dios, cristiano, que mi pecho adora,
es aquel Dios cuyo poder supremo

publican por doquier, de un polo al otro,
los astros del sublime firmamento.
Es aquel Dios sin nombre ni figura,
mas fuerte, sabio, poderoso, inmenso,
que no reclama de los hombres culto,
ni altar exige, ni demanda templo.
Sus aras son los puros corazones;
para santuario tiene al universo;
y las ofrendas que al mortal le pide
virtudes son y generosos hechos.
Aquí y en todas partes yo le miro
aquí y en todas partes le venero,
y hoy más que nunca a su eternal justicia
el homenaje que le agrada ofrezco.

EGILONA

(Aparte.)

¡Oh acento engañador que aún me seduce!

RODRIGO

¿Mas ese Dios omnipotente y bueno,
que conoces y adoras, qué te dicta
hacer con tus cautivos...? ¡Dilo presto!

ABDALASIS

Vas a saberlo al punto. Los fragosos
montes, que al septentrión del suelo ibero
corona son de la soberbia Asturias; .
prestan asilo a los cristianos fieros
que sufren de la suerte los rigores
sin dar al yugo los altivos cuellos.
La libertad salvaron y la gloria
entre ruinas de tu vasto imperio,
y admiramos los mismos vencedores
de su heroico tesón el digno extremo.
Tú, que fuiste su rey, a su destino
corre a enlazar el tuyo: yo te dejo

franco camino, y aun te brindo escolta
hasta llegar al término postrero
de los dominios en que mando: sigan
tus pasos los que el largo cautiverio
contigo soportaron; pues peligro
corrieran en Sevilla, cuando ciegos,
de la superstición al vil impulso
se abandonan los nobles agarenos,
y mi voz desatiende.

RODRIGO

(Con sarcasmo.)

Desarmólos
esa voz, sin embargo, según creo,
en la pasada noche: ¡generoso
quieres mostrarte, emir, mas te comprendo
¡Pasó el peligro ya: tranquilo puedes
gozar de tus amores, si yo lejos
de Egilona respiro... Y ella acaso
allá en su pecho te reserva el premio
de la piedad magnánima que usas
la segur apartando de mi cuello.

ABDALASIS

¡Egilona!

EGILONA

(A Abdalasis, con dignidad y emoción.)

Señor, un sacro nudo
me enlazó con Rodrigo: me someto
a aquella suerte que le des, pues nunca
ya separarme de su lado debo.

ABDALASIS

¡Esposo injusto y venturoso! Goza
de unos acentos que en mi triste pecho

vierten letal ponzoña. ¡Cual merece
hazla feliz!

(Toma la mano de Egilona, y entregándosela a Rodrigo, pronuncia con esfuerzo las anteriores palabras y las que siguen.)

RODRIGO

    ¡Qué escucho!

ABDALASIS

    ¡Te la vuelvo!
Y tú, señora, al recordar un día
este instante cruel, confiesa al menos
que si adquirirla con delitos quise,
al renunciar mi dicha la merezco.

RODRIGO

    (Aparte.)

¡Ambos se inmolan...! ¡Oh virtud...!

EGILONA

    (A Abdalasis.)

    Permite
que, a tus plantas, señor... ¡Oh! ¡Yo fallezco!

ABDALASIS

Basta, Egilona... ¡Adiós! ¡El tiempo vuela!
¡Parte, Rodrigo!

RODRIGO:

    Musulmán! Yo mismo
el justo elogio, que demandas franco,
aquí y en todas partes te concedo.
No de Jerez en la feroz batalla
tan vencido me vi cual hoy me veo,

ni tú triunfo mayor has conseguido
al arrancarme de la mano el cetro.
La tuya lo empuñó con tanta gloria
que es superior al mío tu derecho,
y católico, godo, destronado
y rival tuyo, en fin, no me avergüenzo
de confesar que tu virtud te hace
digno monarca del hispano pueblo.[22]

ABDALASIS:

Parte, Rodrigo, parte, que te juro
que aún nos hemos de ver! Sí! Yo lo espero!
Te buscaré: la suerte de las armas
otra vez probaremos; cuerpo a cuerpo
en combate mortal, los mutuos odios
desfogarán los encendidos pechos.
Te vengarás cual rey, o yo mi saña
satisfacer podré cual caballero.

RODRIGO

Siempre dispuesto me hallarás, que ansío
encontrarme contigo en campo abierto;
y acaso, emir, la dicha te abandone
que hoy a tu pecho inspira atrevimiento.
Del voluble destino los halagos
debes mirar cual miro yo su ceño,
que nada influye en grandes corazones
que se les muestre próspero o adverso.
De ir a buscarme la fatiga excusa,
que en venirte a encontrar no seré lento:
mas no cual rey por recobrar el trono
que conservar no supe: con su imperio
se hundió Rodrigo para siempre: nunca

---

[22] Desafiando el nacionalismo etnocéntrico europeo, y con la antorcha de la Ilustración en mano, Avellaneda le concede a su protagonista árabe el derecho de ser el monarca del pueblo hispano sólo por su virtud personal.

su gloria y su baldón revivir quiero.
Jamás el cetro cobrará la mano
que cargada se vio de infames hierros,
ni ceñirá mi frente la corona
que hice rodar en el impuro cieno!
De España heroica el ominoso yugo
forjaron mis delitos:[23] por romperlo
sólo ambiciono conservar la vida,
y por eso también perderla anhelo.
Al godo ilustre que el pendón tremole
de Patria y libertad, seré el primero
que acataré, como soldado humilde,
a obedecer y a combatir dispuesto.!
Pueda la sangre del Rodrigo oscuro
lavar las manchas del Rodrigo regio,
y libre España me conceda un día
pobre sepulcro en su adorado suelo!

ABDALASIS

Conquista ese sepulcro glorioso.

RODRIGO

(Desenvainando la espada que le dio Abdalasis.)

¡Para alcanzarlo, emir, basta tu acero!

ABDALASIS:

No más prolongues mi martirio crudo Los que allí ves, intrépidos guerreros, te servirán de escolta. ¡Partid, godos!

RODRIGO

(En ademán de partir.)

¡Nos veremos, emir!

---

[23] Una referencia más a la caída del imperio godo como castigo divino por los crímenes de su rey.

ABDALASIS

    ¡Sí! ¡Nos veremos!

GODO 1

Tu mano dame, musulmán invicto.
Con Dios te queda!

ABDALASIS

(Le da su mano, pero sólo mira a Egilona, que conmovida y trémula sigue a Rodrigo.)

    ¡Oh Egilona...! ¡Cielo!
¿Qué más demanda tu rigor?

ESCENA V

Los mismos. Caleb. Zeyad. Habib. Guerreros árabes y moros.

En el momento en que termina Abdalasis las últimas palabras de la Escena anterior, se apoya inclinado sobre la columna, y abriéndose las puertas del foro aparecen por la una Caleb, Habib y algunos moros; y por la otra Zeyad con guerreros árabes. El diálogo indica los varios movimientos de esta Escena que debe ser muy viva y rápida.

CALEB

(Precipitándose con la espada desnuda hacia Abdalasis.)

    ¡Tu sangre!
¡Muere, rebelde emir!

RODRIGO

(Parando con su acero el golpe que dirige Caleb a Abdalasis.)

¡Infame siervo!

CALEB

  (A los suyos.)

¡Moros! ¡El premio nos aguarda!

RODRIGO

  ¡Baja
a buscarlo, ¡traidor!, a los infiernos!

(Caleb y Habib, defendiéndose con los suyos, retroceden, y desaparecen por la misma puerta por la que entraron a la escena. Rodrigo y los Godos los acosan con furor. Egilona, que en el primer momento se lanza despavorida en pos de Rodrigo, vuelve junto al emir cuando cercan a este Zeyad y sus guerreros.)

EGILONA

Rodrigo: ¡Emir!

ABDALASIS

 (Desnudando su acero y resistiendo a las que le acometen.)

   ¡Traidores...! ¡Oh Egilona!
¡Dichoso soy si junto a ti perezco!

ZEYAD

(A los suyos.)

¡Bañe su sangre la columna pura
que al pendón santo y al Corán eterno
presta, ¡oh amigos!, pedestal sagrado!

EGILONA

(Lanzándose entre Zeyad y Abdalasis; rechazada brutalmente por el primero, cae desfallecida en la columna.)

¡Asesinos!

ZEYAD

¡Aparta! ¡Oh agarenos!
Cumplid vuestro deber.

ABDALASIS

¡Guardias!

ZEYAD

Tu muerte
es del Supremo juez alto decreto.

(Abdalasis, lidiando con los árabes, se entra por las columnas de la izquierda. Por la derecha salen al mismo tiempo el Paje y las huestes de Abdalasis.)

PAJE

¡Traición, oh musulmanes! Nuestro jefe volemos a
salvar.

ABDALASIS

(Dentro.)

¡Ah!

ZEYAD

(Volviendo a la escena, y saliendo al encuentro de los guerreros.)

¡Deteneos! Ya el fallo de la ley está cumplido.

PAJE

El emir...

ZEYAD

(Señalando a su izquierda.)

¡Allí yace!

PAJE

(*Adelantándose y retrocediendo con espanto.*)
¡Muerto!

ZEYAD

Muerto.

PAJE:

¡Venganza, musulmanes!

ZEYAD

¿Quién se atreve
a condenar de nuestro augusto dueño
la severa justicia...? Mis palabras,
árabes, todos escuchad. ¡Silencio!

(*Se adelanta al medio de la Escena y habla con voz lenta y solemne. Cesa el ruido.*)

Al sublime Walid, que el paraíso
habita ya por siglos sempiterno,
el grande Suleymán, su hermano insigne,
ha sucedido en el poder supremo.
De su justicia inapelable fallo
condenó a Muza a infamia y vilipendio,
por traidor, desleal, y de sus hijos
manda se rindan los altivos cuellos
a la cuchilla de la ley, y sirva
al mundo su castigo de escarmiento.
¡Viva el califa, del Profeta Santo
glorioso sucesor, y en este pliego,
que la sentencia formidable guarda,
sumisos acatad su augusto sello!

(*Eleva el pliego, y todos los musulmanes se inclinan con respeto cruzados de brazos.*)

EGILONA

(Qué empieza a volver en sí.)

¡Abdalasis! ¿Do estoy?

(Tendiendo una mirada de pavor por todo el recinto.)

    ¡Sangre! ¡Qué miro!
¡Abdalasis! ¡Mi bien!

(Se adelanta hacia donde está el cadáver y retrocede dando un grito profundo: del talento de la actriz que ejecute este papel depende el efecto de este momento, en el cual, como durante los versos que siguen, todas sus acciones mudas deben expresar las violentas emociones de su alma.)

ZEYAD

(A Habib, que entra por donde antes salió, seguido de los dos Godos y algunos guerreros árabes que rodean a aquellos.)

    ¡Oh Habib! Del reo
la suerte se cumplió: Que de la tumba
goce el descanso su cadáver yerto.

HABIB

Sí; y en la losa que a mi amigo encierre,
corra la sangre vil de los perversos
godos que le extraviaron. Defendido
por algunos rebeldes agarenos
y por su loca furia, de mis manos
logró escapar aquel a cuyo acero
rindió Caleb la vida; mas me siguen
dos de los atrevidos compañeros,
que inmolados serán.

ZEYAD

    Que un vil esclavo
huya de su castigo, no es objeto
digno de tu atención. Vamos, amigo,

y sepultemos con piadoso celo
del triste emir los restos miserables.

EGILONA

¡No, tigres! Aguardad, que están pidiendo,
una víctima más vuestros furores,
y otro cadáver su sepulcro abierto.
¡Abdalasis! ¡Mí bien! La muerte vuelve
nuestra suerte a enlazar: del himeneo
tálamo augusto nos dará el sepulcro
y en él será nuestro consorcio eterno.
¡Y vosotros! ¡Verdugos! ¡De esa sangre,
que ha salpicado vuestros rostros fieros,
también por siempre llevaréis la mancha
cual signo odioso de baldón horrendo!
Vuestra gloria cruel, ¡viles esclavos!,
empaña de esa sangre el vapor denso,
y en vano gozaréis algunos días
del astro de la dicha los reflejos.
Mil héroes brotará doquier la tierra
que fertiliza el ominoso riego,
y en las alas del tiempo se aproxima
la libertad del español imperio.
¡El estandarte de delito y muerte

(arranca el estandarte del pedestal, y arrojándolo roto pone sobre él la planta)

que yo destrozo y a mis plantas huello,
con la memoria del dominio infando,
roto y sin gloria heredará el infierno,
al tremolar de Cristo los pendones
de uno al otro confín del suelo ibero!

HABIB

(Arrojándose a ella con la espada desnuda.)

¡Muere, blasfema!

EGILONA

(Tomando la espada sagrada que se ve en el pedestal, y clavándola en su pecho.)

¡Pero no a tu mano!
Mi alma recibe, ¡oh Abdalasis...! ¡Siervos...
¡Verdugos! con la mancha de la sangre

(expirando)

de un héroe..., yo..., mi maldición os lego.

(Muere)

HABIB

¡Se hizo justicia la cristiana impía!
Que esos viles también rindan su aliento
en justa expiación.

(Señalando a los Godos.)

GODO 1:

¡Sacia tu furia, fanático cruel! Pero te advierto
que no es un godo oscuro y miserable
el que burló tu sanguinario empeño;
que vengadores de delitos tantos
Asturias guarda en su fragoso centro.
¡Vive Rodrigo, musulmanes!

ZEYAB Y HABIB

¡Vive!

GODO 1

¡Y Pelayo también...! ¡Romped mi seno!

FIN DEL DRAMA

Made in the USA
Middletown, DE
02 March 2022